Zum Altare Gottes will ich treten

Die Messe in ihren Riten erklärt

P. Martin Ramm FSSP

6. Auflage

Thalwil 2018

Fotos: don Elvir Tabaković, Can. Reg.

Dieses Büchlein wird grundsätzlich kostenlos abgegeben. Für jede Spende zur Deckung der Druck- und Versandkosten sowie zur Förderung unseres Apostolates sind wir sehr dankbar und sagen ein herzliches Vergelt's Gott!

Bestellmöglichkeiten

- Internet: www.introibo.net/publikationen.htm
- E-Mail: p.ramm@fssp.ch/post@fssp.eu
- Post: Priesterbruderschaft St. Petrus
Ludretikonerstrasse 3
CH-8800 Thalwil
- telefonisch: CH 0041-(0)44-772 39 33
D 0049-(0)8385-92210
A 0043-(0)1-5058341

Spendenkonten

- *für die Schweiz:*

IBAN CH53 0070 0114 9000 3982 3
Kto. Nr. 1149-0039.823 BIC: ZKBKCHZZ80A
Zugunsten: Priesterbruderschaft St. Petrus, 8800 Thalwil

- *für Deutschland:*

IBAN DE85 7509 0300 0200 1992 22
BIC GENODEF1M05
Zugunsten: Priesterbruderschaft St. Petrus e. V.

- *für Österreich:*

IBAN AT87 3200 0000 0703 7419
BIC RLNWATWW
Zugunsten: Förderverein St. Petrus

Imprimatur
Ordinarius Episcopalis Curiensis
Curiæ, die 24 Augusti 2018

ISBN 978-3-96316-005-9

INHALT

EINLEITUNG

Seit der ersten Auflage dieses Büchleins im Jahr 2005 hat sich manches ereignet. Vor allem das Motu Proprio *‚Summorum Pontificum‘* Papst Benedikts XVI. vom 7. Juli 2007 erfüllt uns mit großer Dankbarkeit. Diese Initiative des Papstes war notwendig, denn obgleich die überlieferte Form des Römischen Ritus rechtlich niemals abgeschafft war und obwohl schon 1988 Papst Johannes Paul II. in seinem Apostolischen Schreiben *‚Ecclesia Dei afflicta‘* alle Bischöfe eindringlich aufgerufen hat, den Gläubigen *„weitherzig und großzügig“* den Zugang zur überlieferten Liturgie zu ermöglichen, war die Handhabung in der Praxis doch sehr restriktiv. Um fortan aber jeden Zweifel an ihrer Rechtmäßigkeit zu beheben, hat Papst Benedikt XVI. die Liturgie nach den 1962 von Papst Johannes XXIII. promulgierten liturgischen Büchern zur *außerordentlichen Form des Römischen Ritus* erklärt, die sich wieder der gebotenen Ehre erfreuen soll und die jeder katholische Priester ohne weiteres erlernen und zelebrieren darf.

Dabei weist der Papst mit Recht darauf hin, dass das Interesse an der Außerordentlichen Liturgie sich keineswegs nur auf die ältere Generation beschränkt, sondern dass auch *„junge Menschen diese liturgische Form entdecken, sich von ihr angezogen fühlen und hier eine ihnen besonders gemäße Form der Begegnung mit dem Mysterium der heiligen Eucharistie finden“ (Begleitbrief an die Bischöfe).*

Dieses Büchlein erhebt keineswegs den Anspruch einer liturgiewissenschaftlichen Abhandlung. Vielmehr geht es darum, möglichst einfach und leicht verständlich die Riten der heiligen Messe zu erklären, die Liebe zum überlieferten Messritus zu fördern und den Leser geistlich zu nähren.

Ausgehend von ihrer äußeren Schönheit, soll der Sinn für die Wahrnehmung der in jeder Hinsicht ‚außerordentlichen' inneren Schönheit der liturgischen Riten geweckt werden, damit die Gläubigen mit ihnen vertraut seien und in der heiligen Messe zu einer wahren und tiefinnerlichen *‚participatio'* am Kreuzesopfer Jesu Christi gelangen.

1. Abschnitt

VOM SINN HEILIGER RITEN

Zunächst muss man gut verstehen, was ein *Ritus* ist, denn die Riten selbst werden helfen, gleichsam von außen her zum inneren Kern vorzudringen. In den gottesdienstlichen Riten finden wir einen authentischen Ausdruck des ganzen katholischen Glaubens, der in ihnen Gestalt geworden ist. Sie sind nicht einfach ‚gemacht', sondern aus der lebendigen Tradition seit urkirchlichen Zeiten organisch gewachsen. Man muss sie lesen wie eine Sprache. Diese Sprache besteht aber nicht nur aus Worten, sondern zugleich auch aus Zeichen. Was wir ‚Ritus' nennen, umfasst beides: heilige Worte und heilige Gesten. Sie wirken *in*einander und *mit*einander in wunderbarer Harmonie. Die kultische Handlung verlangt nach dem deutenden Gebetswort, und das Wort drückt sich im Gestus aus. Das Wort sagt *„Mea culpa - durch meine Schuld"*, während die Hand dasselbe sagt, indem sie an die Brust schlägt.

Die ‚Sprache' der Liturgie

Wer in ein Land mit fremder Sprache kommt, wird anfangs nichts verstehen. Wohl mag er einen gewissen Eindruck von der Melodik der Sprache gewinnen, doch erst wenn er sich mit ihr vertraut macht, beginnt er einzelne Wörter zu unterscheiden. Hat er dann aber die Sprache richtig erlernt, gebraucht er sie mühelos. Ganz ähnlich verhält es sich mit der ‚Sprache' der Liturgie. Wer sie (noch) nicht kennt, wird anfangs nicht allzu viel von dem verstehen, was sie sagen will. Freilich haben nicht selten bereits erste oberflächliche Begegnungen den Betrachter tief berührt und ihm den Anstoß zu einer echten Bekehrung gegeben.

Manche haben das Glück, die ‚Sprache' der Liturgie erlernt zu haben wie die eigene Muttersprache. Sie sind in sie hineingewachsen, und sie wurde ihr Eigentum von Kindheit an, ohne dass sie sich besonders darum bemühen mussten. Andere haben sie erst später entdeckt und sich nach und nach mit ihr vertraut gemacht.

In der Schule werden nicht nur fremde Sprachen unterrichtet, sondern sogar in allererster Linie die Muttersprache, damit man sie sicher und fehlerfrei zu gebrauchen lernt. So soll der Horizont für den ganzen Reichtum der eigenen Sprache erweitert werden. Auch für jene, die von Kindheit an mit der ‚Sprache' der Liturgie vertraut sind, ist es nützlich, sich immer wieder mit ihr zu beschäftigen. Wir sollten sie wie unsere Muttersprache lieben, denn es ist die Sprache, mit der die Kirche auf Erden den himmlischen Vater verherrlicht.

Liturgische Symbole und Riten

Die gottesdienstlichen Riten haben gleichsam eine *Innen*- und eine *Außen*seite, die in gegenseitiger Wechselwirkung stehen. Durch den *Ritus* werden innere Haltungen sowohl ausgedrückt als auch hervorgebracht und gestützt. Eine ordentliche Kniebeuge mit bewusstem Blick zum Tabernakel bringt Ehrfurcht zum Ausdruck und hilft zugleich, einen inneren Akt der Anbetung zu setzen.

Die Grundstruktur des Ritus entspricht genau der leib-seelischen Natur des Menschen. Wären wir reine Geister, also Geistseelen ohne Leib, bräuchten wir den sichtbaren Ausdruck nicht. So aber ist es notwendig, dass wir innere Haltungen in äußeren Formen ausdrücken und dass das Heilige über die Sinne Zugang zur Seele findet. Dazu sagt das Konzil von Trient: *„Die Menschennatur ist so beschaffen, dass sie nicht leicht ohne die Beihilfe von außen zur Betrachtung göttlicher Dinge emporsteigen kann. So hat die gütige Mutter, die Kirche, bestimmte Formen für den Gottesdienst eingeführt, dass nämlich in der Messe manches leise, anderes aber mit lauter Stimme gesprochen werden soll. Ebenso nahm sie gottesdienstliche Handlungen in Gebrauch, wie geheimnisreiche Segnungen, Lichter, Weihrauch, Gewänder und vieles andere dergleichen nach apostolischer Anordnung und Überlieferung. Dadurch sollte die Hoheit dieses großen Opfers zum Bewusstsein gebracht und die Herzen der Gläubigen mittels dieser sichtbaren Zei-*

chen des Gottesdienstes und der Frömmigkeit zur Betrachtung der erhabenen Dinge, die in diesem Opfer verborgen liegen, aufgerufen werden." (Konzil von Trient, 22. Sitzung (1562), 5. Kapitel)

Rituelle Ausdrucksweisen gibt es nicht nur in der Liturgie. Auch im alltäglichen Leben spielen sie eine wichtige Rolle. In der Familie beispielsweise würde es ganz und gar nicht genügen, die gegenseitige Hochachtung und Liebe nur im Herzen zu tragen, ansonsten aber auf jeden äußeren Ausdruck der Zuneigung zu verzichten. Vielmehr muss auch hier die innere Haltung ausgedrückt werden in konkreten äußeren Zeichen, in gütigen Worten, in grüßenden Gesten, in einem freundlichen Lächeln oder in einem Blumenstrauß. Wenn solche Zeichen unterbleiben, man einander nicht mehr grüßt und einander nicht mehr durch kleine Aufmerksamkeiten erfreut, wird ganz sicher die Atmosphäre bald merklich kühler, und es ist nur eine Frage der Zeit, bis auch im Inneren die Liebe erstirbt und die gegenseitige Hochachtung schwindet.

Ebenso können wir im religiösen Leben nicht auf äußere Zeichen verzichten, indem wir etwa sagen, es sei doch die Hauptsache, dass es im Inneren stimme und man Ehrfurcht und Liebe im Herzen trage. Wenn auch die rechte innere Haltung zweifellos wichtiger als ihr äußerer Ausdruck ist, so wäre es doch ganz und gar falsch, das eine gegen das andere auszuspielen und die äußere Seite der Liturgie als nebensächlich zu betrachten. Ohne äußere Zeichen der Ehrfurcht muss auch die innere Ehrfurcht zwangsläufig schwinden. Eine Liturgie, die sich mit einem Minimum von äußeren Riten begnügt, wird langsam, aber sicher flach, kalt und unfruchtbar. Sie wird kaum mehr im Stande sein, die rechte innere Haltung zu fördern und das Gemüt zur Andacht zu bewegen.

Andererseits kann der Ritus - so wichtig er als Ausdruck und zur Stütze innerer Haltungen auch ist - doch niemals deren Ersatz sein. Damit er ‚funktioniert', muss zum äußeren Vollzug notwendig die entsprechende innere Gesinnung hinzukommen, denn sonst wäre er nicht echt, sondern eine Fassade, eine leere Hülse, eine bloße Floskel. Wir sind gerufen, die Riten der heiligen Messe immer besser kennenzulernen, um ihren Sinn tiefer zu verstehen. Ihre Sprache soll uns vertraut sein, damit das, was sie sagen will, in uns lebendig wird.

2. Abschnitt

DIE ORIENTIERUNG

Alte Kirchen sind häufig so gebaut, dass der Altar in Richtung *Osten* steht. Diese Ausrichtung nach Osten bezeichnet man als *Orientierung*, denn der Osten heißt ja lateinisch *Orient*. Hinter diesem Brauch verbirgt sich eine schöne Symbolik von bleibender Bedeutung.

Christliches Beten und Hoffen hat immer eine ganz konkrete Richtung, nämlich *ad Dominum*, d. h. *zum Herrn hin*. Wie sich aber *innerlich* das Herz des Betenden und die Sehnsucht des Hoffenden auf Christus hin ausrichten, so war es für das frühe Christentum selbstverständlich, auch *äußerlich* nach Osten hin zu beten. Die Ausrichtung nach Osten meint also zugleich eine *äußere* und eine *innere* Richtung.

Zwar sind heute viele Kirchen leider nicht mehr geostet, doch hat sich immerhin ein wenig davon erhalten in der Zelebration *versus crucem*, d. h. in der gemeinsamen Ausrichtung von Priester und Volk zum Altarkreuz hin.

Die Sonne

Schon der Begriff *Orient* (von *oriri* = *aufgehen*) kennzeichnet den Osten als Seite des Sonnenaufgangs. Die aufgehende Sonne bringt Licht und Leben in die Welt. Sie ist Symbol für Christus, der von sich sagt: *„Ich bin das Licht der Welt; wer mir nachfolgt, wandelt nicht im Finstern, sondern wird das Licht des Lebens haben." (Joh 8, 12)*

Sehr schön besingt sie der hl. Franz von Assisi in seinem berühmten Sonnengesang: *„Sei gelobt, mein Herr, mit all Deinen Kreaturen, besonders mit dem Bruder Sonne (lo frate sole), der den Tag macht und durch den Du uns leuchtest. Und schön ist er und strahlend in großem Glanz, Dein Sinnbild, o Höchster."*

Messianische Sehnsucht

Das ganze Alte Testament ist von der Sehnsucht nach dem verheißenen Erlöser geprägt. Lebendig wird dieses Sehnen vor allem in der Liturgie des Advent. In der ‚Großen Antiphon' zum 21. Dezember erscheint der *Oriens* ausdrücklich als messianischer Hoheitstitel: *„O Oriens ... - O Aufgang, Glanz des ewigen Lichtes und Sonne der Gerechtigkeit: Komm und erleuchte, die da sitzen in Finsternis und im Schatten des Todes."*

Ganz ähnlich klingen die prophetischen Worte des Zacharias bei der Geburt Johannes des Täufers: *„Durch die barmherzige Liebe unseres Gottes wird uns besuchen das aufstrahlende Licht aus der Höhe (oriens ex alto), um allen zu leuchten, die in Finsternis sitzen und im Schatten des Todes, und unsere Schritte zu lenken auf den Weg des Friedens." (Lk 1, 78 f.)*

Die erste Ankunft

Bei seiner ersten Ankunft, als Jesus in Bethlehem geboren wurde, ging im Osten (!) ein Stern auf. So fragten die drei Weisen aus dem Morgenland den König Herodes: *„Wo ist der neugeborene König der Juden? Wir sahen nämlich seinen Stern im Osten (in oriente) und sind gekommen, ihm zu huldigen.“ (Mt 2, 2)*

Mit dem *Stern im Osten* begann still und unscheinbar die *Epiphanie* (= *Erscheinung*) des menschgewordenen Gottessohnes vor den Augen der Welt.

Die zweite Ankunft

Die Erwartung der Wiederkunft Christi am Ende der Tage ist eng mit seiner Himmelfahrt verknüpft.

Schon im Alten Testament findet sich eine Prophetie von der Himmelfahrt nach Osten hin: *„Singet Gott, der aufsteigt über die Himmel, ad orientem (= zum Osten hin).“ (Ps 67, 33 f.)* Tatsächlich ist Jesus nach alter Tradition 40 Tage nach Ostern im Angesicht seiner Jünger vom Ölberg aus nach Osten hin in den Himmel aufgefahren. Damals sprachen die Engel: *„Ihr Männer von Galiläa, was steht ihr da und schaut zum Himmel hinauf? Dieser Jesus, der von euch weg hinaufgenommen worden ist, wird ebenso (!) wiederkommen, wie ihr ihn habt zum Himmel auffahren sehen.“ (Apg 1, 11)* Seither erwartet die Kirche seine Wiederkunft zur Vollendung der Welt am Jüngsten

Tag vom Osten her, denn: *„Wie der Blitz vom Osten (ab oriente) ausfährt und bis zum Westen leuchtet, so wird es mit der Ankunft des Menschensohnes sein." (Mt 24, 27)*

Nicht umsonst ist in vielen romanischen Kirchen gerade in der östlichen Apsis der kommende Weltenrichter (*Pantokrator*) dargestellt.

Dies also ist der eigentliche und tiefere Sinn der *Orientierung* liturgischen Betens und der Zelebration *versus crucem*: Sie will Zeichen der Sehnsucht nach dem kommenden Herrn und zugleich Ausdruck wacher Bereitschaft sein.

Dabei denken wir an die Mahnung des Herrn: *„Eure Lenden seien umgürtet, und eure Lampen sollen brennen. Ihr sollt wie Menschen sein, die auf ihren Herrn warten." (Lk 12, 35 f.)* Im Beten der Urkirche klingt dieses Warten an im Gebetsruf *„Maran atha! - Komm, Herr Jesus!" (1 Kor 16, 22)*. Und dies sind die letzten Worte der Heiligen Schrift: *„Der dies bezeugt, spricht: Ja, ich komme bald. Amen. Komm, Herr Jesus! Die Gnade des Herrn Jesus Christus sei mit euch allen. Amen." (Offb 22, 20 f.)*

Im Blick auf die himmlische Vollendung sagt der hl. Apostel Paulus: *„Nun liegt mir bereit der Kranz der Gerechtigkeit, den mir überreichen wird der Herr an jenem Tag als der gerechte Richter; nicht nur mir, sondern allen, die in Liebe zugewandt sind seinem Erscheinen (qui diligunt adventum eius)." (2 Tim 4, 8)*

Die dritte Ankunft

Zwischen dem ersten und jenem letzten *adventus Domini* geschieht sein *Kommen in der Gnade*. Wie der gute Hirt im Gleichnis (vgl. Lk 15, 4) sucht Jesus die einzelnen Seelen auf und wartet, dass sie sich ihm öffnen: *„Siehe, ich stehe vor der Tür und klopfe an; wenn einer meine Stimme hört und die Tür öffnet, bei dem will ich einkehren und Mahl mit ihm halten und er mit mir.“ (Offb 3, 20)* In jedem Sakrament und ganz besonders in der heiligen Messe kommt er selbst, um uns durch den Dienst der Kirche die Früchte der Erlösung zuzuwenden.

Wenn der Priester bei der Wandlung den Leib des Herrn hoch empor hält und ihn den Gläubigen zur Anbetung zeigt, gleicht dann nicht die weiße Scheibe der Hostie der im Osten aufgehenden Sonne?

Andere Begründungen

Neben der eschatologischen Bedeutung gibt es noch andere gute Gründe für die gemeinsame Ausrichtung von Priester und Volk nach Osten hin:

• Die traditionelle Gebetsrichtung ist Ausdruck einer gewissen Höflichkeit Gott gegenüber. Auch unter Menschen gehört es sich, dass man den anschaut, mit dem man spricht. Ist es nicht selbstverständlich, dass der Priester sich zur Predigt, die er an das Volk richtet, auch dem Volk zuwendet? Das Gebet aber richtet sich nicht an das Volk, sondern ist *Erhebung der Seele zu Gott*. Deshalb ist es ebenso selbstverständlich, sich zum Gebet und zum Vollzug des eucharistischen Opfers auch äußerlich ganz Gott zuzuwenden.

• Die gemeinsame Gebetsrichtung von Priester und Volk ist ein schönes und starkes Zeichen der Einheit. Einheit ist nicht nur dort, wo man einander anschaut. Eine viel stärkere Einheit kann entstehen, wo gemeinsame Ideale sind, wo man *ein* Ziel vor Augen hat und in *eine* Richtung geht. Es geht ja in der heiligen Messe gar nicht darum, dem Priester *zu*zuschauen und noch viel weniger, ihn *an*zuschauen, sondern der Priester gleicht einem Hirten, der seiner Herde vorangeht, dem Herrn entgegen.

• Nach der Deutung des hl. Thomas von Aquin (S. th. II,II,84,3 ad 3) drückt das Gebet nach Osten hin auch die Sehnsucht nach dem verlorenen Paradies aus, welches nach dem Zeugnis von Gen 2, 8 ebenfalls im Osten lag.

• Es ist bedeutsam, dass man gerade im Moment der Wandlung das Gesicht des Priesters nicht sieht. So wird der objektive Charakter der Liturgie betont, denn der Priester am Altar handelt *in persona Christi*. Er ist nur Stellvertreter, denn der einzige und eigentliche Priester des Neuen Bundes ist Christus selbst. Für die Gläubigen wird es so viel leichter, von der Person des zelebrierenden Priesters *ab*zusehen, um zum ewigen Hohenpriester *auf*zusehen.

• Große Vorzüge hat die traditionelle Zelebrationsrichtung schließlich auch für den zelebrierenden Priester selbst. Muss er es nicht als befreiend empfinden, im heiligsten Moment der Messe nicht angeschaut zu werden, sondern in trauter Intimität gleichsam mit Gott ‚allein' zu sein? So ähnelt er Moses auf dem Berg Sinai: *„Moses aber soll allein zum Herrn herantreten, die anderen dürfen nicht herantreten, und das Volk soll nicht mit ihm hinaufsteigen!" (Ex 24, 2)* Ohne Zweifel wird der Zelebrant sehr viel leichter zu einer innigen Anteilnahme am Opfer Christi gelangen, wenn ihm bei dessen Vollzug niemand ins Gesicht schaut.

3. Abschnitt

DIE KULTSPRACHE

Als besonderes Charakteristikum der römischen Liturgie gilt der Gebrauch der lateinischen Kultsprache. Obwohl ihre Erhaltung und Förderung ausdrücklich vom Zweiten Vatikanischen Konzil (1962-1965) gewünscht war (vgl. SC 36 und 54), ist sie in der nachkonziliaren Zeit fast völlig verschwunden. Vielen Katholiken ist sie fremd geworden, und manche halten sie sogar für ‚abgeschafft' und empfinden sie als ein geradezu unüberwindbares Hindernis. Dabei fehlt es zumeist am Verständnis für ihren tieferen Sinn und symbolischen Wert. Sollte man denn nicht annehmen, dass die Kirche gute Gründe dafür hatte, jahrhundertelang an ihr festzuhalten?

Wer die Mühe nicht scheut, sich ein wenig damit vertraut zu machen, wird bemerken, dass gerade die lateinische Kultsprache eine vorzügliche Hilfe für den inneren Zugang zum eucharistischen Mysterium sein kann.

Zeichen der Einheit

Im Buch Genesis wird berichtet, wie einst in aller Welt nur eine einzige Sprache war. Da aber sagten die Menschen zueinander: „*Wir wollen uns einen Namen machen, damit wir nicht in alle Welt zerstreut wer-*

den!" (Gen 11, 4) Und als sie im Begriff waren, nach den Sternen zu greifen, verwirrte Gott ihre Sprache, so dass *„keiner mehr die Rede des andern verstand" (Gen 11, 7)*. Seit dieser babylonischen Sprachenverwirrung leidet die Menschheit in vielfacher Hinsicht an gegenseitigem Nichtverstehen.

In der Kirche aber sollte es anders sein. Am Pfingstfest, in der Stunde ihrer Geburt, kam der Geist Gottes auf sie herab, von dem das Buch der Weisheit sagt: *„Der Geist des Herrn erfüllt den Erdkreis, und er ... kennt jede Sprache (scientiam habet vocis)." (Weish 1, 7)* Nachdem die Apostel den Heiligen Geist empfangen hatten, geschah sogleich das pfingstliche Sprachenwunder: *„Als nun dieser Klang erscholl, kam die Menge zusammen und war bestürzt, denn jeder hörte sie in seiner Sprache reden. Da staunten alle und wunderten sich und sagten: Sind nicht alle, die da reden, Galiläer? Wie kommt es, dass ein jeder von uns seine Sprache hört, in der er geboren ist?" (Apg 2, 6-8)*

In der Liturgie findet das Pfingstwunder gleichsam einen Nachklang, denn die Kultsprache ist sichtbarer Ausdruck der *unitas Ecclesiæ* (= *Einheit der Kirche*). Wenn man auch ‚draußen in der Welt' viele Sprachen spricht, so gibt es ‚drinnen im Heiligtum' doch nur *eine einzige* Sprache. Wie wichtig wäre gerade im Zeitalter der Globalisierung solch ein Zeichen der Einheit! Es ist immer wieder beeindruckend, zu hören, wie einst Flüchtlinge und Reisende, trotz aller Fremdheit ferner Länder, in der vertrauten Sprache der Liturgie ein Stück Heimat gefunden haben. Hat nicht auch der moderne Mensch ein Bedürfnis nach Heimat? Wäre es nicht wunderbar, wenn alle Katholiken, über sämtliche Sprachbarrieren hinweg, wieder in einer gemeinsamen Sprache beten könnten?

In der Blüte des Mittelalters bestand ein intensiver und fruchtbarer Austausch zwischen *Kult* und *Kultur*. Eine Schlüsselrolle hat dabei das Latein gespielt, denn im ganzen christlichen Abendland war Latein nicht nur die Sprache der Liturgie, sondern zugleich auch die gemeinsame Sprache der Universitäten, des Handels und der Behörden.

Heiliger Schleier

Mit der Kultsprache verbunden ist außerdem eine besondere Funktion zum Schutz des Heiligen.

Bereits in der frühen Christenheit entwickelte sich das starke Bewusstsein, dass das Heilige zu schützen und nicht mit dem Weltlich-Profanen zu vermischen sei. Deshalb wurde es Brauch, die heiligen Mysterien in einer geheiligten Sprache zu vollziehen.

Ursprünglich galten vor allem jene drei Sprachen als heilig, in denen die Kreuzesinschrift verfasst war: *„Es war geschrieben auf hebräisch, lateinisch und griechisch." (Joh 19, 20)* Genau in diesen drei Sprachgruppen haben sich zunächst auch die ersten altehrwürdigen west- und ostkirchlichen Liturgien entfaltet.

In der Ostkirche befindet sich noch heute vor dem Altar eine Ikonenwand. Diese sogenannte *Ikonostase* hat eine doppelte Funktion: Einerseits will sie *ver*hüllen, indem sie das Heilige dem Blick entzieht. Andererseits will sie aber auch *ent*hüllen, denn während sie verbirgt, was das leibliche Auge sowieso nicht schauen kann, stellt sie zugleich die göttliche Wirklichkeit in den heiligen Bildern der Ikonen dar.

Ganz ähnlich verhält es sich mit der Kultsprache der lateinischen Liturgie. Auch sie ist wie ein heiliger Schleier, der gleich einer Ikonostase die göttlichen Mysterien schützend verhüllt. Sie erinnert daran, dass in der heiligen Messe etwas geschieht, was wir nicht begreifen können. Es bleibt uns ein striktes *Mysterium*, ein Glaubensgeheimnis, denn es übersteigt die Fassungskraft des menschlichen Verstandes. Andererseits aber möchte sie in die Tiefe führen und lädt dazu ein, durch eine tätige innere Teilnahme im Licht des Glaubens immer tiefer in das eucharistische Mysterium einzudringen.

Seit vielen Jahren erleben wir eine Liturgie, die sich sowohl durch den Gebrauch der Volkssprache, als auch durch Mikrofone und Lautsprecher durch maximale verbale Verständlichkeit auszeichnet. Sind die Früchte aber wirklich gut (vgl. Mt 7, 16)? Ist die Teilnahme der Gläubigen an der Feier der heiligen Messe inniger geworden? Oder besteht nicht doch die große Gefahr, dass man jetzt meint, alles zu verstehen, dabei aber ganz an der Oberfläche bleibt und den Sinn für das Heilige verliert?

Zeitlosigkeit

Einen großen Vorzug besitzt die lateinische Sprache durch ihre Zeitlosigkeit, denn zumindest in ihrem liturgischen Gebrauch ist sie vollendet und ausgereift, wohingegen die modernen Sprachen einem beständigen Wandel unterliegen.

• In ihrer Originalität führt sie direkt zu den Quellen. Noch heute benutzen wir genau dieselben Texte, mit denen die ersten römischen Päpste und die Heiligen aller Jahrhunderte gebetet haben. Wir singen noch immer die altehrwürdigen Melodien, die der hl. Papst Gregor der Große († 604) gesammelt und aufgezeichnet hat.

• Aufgrund ihrer Unveränderlichkeit und Präzision ist die lateinische Sprache bestens geeignet, im kultischen Vollzug die ewigen und unveränderlichen Wahrheiten des katholischen Glaubens auszudrücken.

• Sie ist von zeitloser Schönheit und gleicht einer romanischen Klosteranlage, die in edler Schlichtheit dem ästhetischen Empfinden jeder Zeit und aller Menschen gerecht wird. Ganz anders ist es hingegen mit gewissen Erzeugnissen einer gewollt-modernen Architektur, die man oft schon nach wenigen Jahren nicht mehr anschauen mag.

Schließlich sei noch darauf hingewiesen, dass es ein großes Verdienst der vorkonziliaren Liturgischen Bewegung war, durch die Verbreitung lateinisch-deutscher Volksmessbücher den Gläubigen einen direkten

Zugang zu den Reichtümern der liturgischen Texte zu eröffnen.

Wer sein Volksmissale gut zu gebrauchen weiß, dem bleibt die lateinische Kultsprache nicht fremd. Vielmehr wird gerade sie ihm helfen, in die Tiefe zu gehen und, gleich dem Hausvater, *„der aus seinem Schatz Neues und Altes hervorholt" (Mt 13, 52)*, in der Liturgie reichlich Nahrung für sein geistliches Leben zu finden.

4. Abschnitt

DIE PRIESTERLICHEN GEWÄNDER

Heilige Gewänder gab es schon im Alten Testament. Sie wurden genau nach den Vorschriften des Moses gefertigt und von den Priestern getragen, sooft sie ihre Dienste verrichteten, denn so sprach Gott zu Moses: *„Heilige Gewänder soll man für deinen Bruder Aaron und für seine Söhne anfertigen, damit sie mir als Priester dienen. Man soll dazu Gold, violette Purpurwolle, roten Purpur, karmesinroten Stoff und Byssus verwenden." (Ex 28, 4 f.)*

Auch die liturgischen Gewänder der Kirche sollen aus edlen Stoffen mit Sorgfalt hergestellt und in Würde getragen werden. Mit ihnen bekleidet sich der Priester, ehe er zum Altar schreitet.

Auf seinem Weg zum Priestertum wurden sie ihm nach und nach feierlich überreicht: Bei der Einkleidung erhielt er die schwarze Soutane und das weiße Chorhemd, als Subdiakon den Manipel, als Diakon die Stola und als Priester das eigentliche Messgewand.

Diese Gewänder dienen nicht nur zur größeren Feierlichkeit, sondern sie enthalten eine Botschaft. Ein Schlüssel zum Verständnis des symbolischen Gehaltes jedes einzelnen Gewandes sind die Ankleidegebete. Während der Priester sie verrichtet, wird das geweihte Gewand ihm selbst zur Predigt, die ihm

nahelegt, ein der Würde seines Amtes entsprechendes Leben zu führen. Schultertuch, Manipel und Stola küsst er zum Zeichen der Ehrfurcht und als Ausdruck dafür, dass er sich dieses hohen Anspruchs in Demut bewusst ist.

Das schwarze Gewand

Das gewöhnliche Gewand des katholischen Priesters ist - auch nach den neueren kirchlichen Bestimmungen - die schwarze Soutane (vgl. ‚Direktorium für Dienst und Leben der Priester' der Kongregation für den Klerus vom 31. Januar 1994, Nr. 66). Während er sie anlegt, betet er: *„Der Herr ist der Anteil meines Erbes und meines Kelches. Du bist es, der mir zurückstellen wird mein Erbe." (Ps 15, 5)* Damit wird der Priester ausdrücklich in die Nachfolge des alttestamentlichen Priesterstammes der Leviten gestellt, welcher einst bei der Verteilung des Gelobten Landes kein Erbteil erhalten sollte, denn: *„Der Herr selbst ist sein Erbteil." (Dt 10, 9)*

Aus dem griechischen Wort *kleros (= Los, Erbteil)* wurde das deutsche Wort *Klerus*. Der *Kleriker* ist einer, der den Herrn zum Erbteil erwählt hat.

Die schwarze Farbe ist Symbol der Trauer und des Verzichtes. Der Priester soll sie im Bewusstsein tragen, hier auf Erden in der Fremde zu weilen: *„Wir haben hier keine bleibende Stätte, sondern nach der künftigen suchen wir." (Hebr 13, 14)* Sie will auch

an die Mahnung des hl. Apostels Paulus im Brief an die Römer erinnern: *„Macht euch nicht die Art dieser Welt zu eigen, sondern wandelt euch um durch Erneuerung eures Denkens, um zu prüfen, was der Wille Gottes ist, was gut, wohlgefällig und vollkommen." (Röm 12, 2)*

Das Chorhemd

Zu den eigentlichen priesterlichen Verrichtungen aber kleidet er sich in weiße Gewänder. Sie sollen Ausdruck der Freude sein, denn die Kirche versteht die irdische Liturgie als Teilnahme an der himmlischen.

Während der Priester das Chorhemd anlegt, spricht er: *„Herr, ziehe mir den neuen Menschen an, der nach Gott geschaffen ist in wahrer Gerechtigkeit und Heiligkeit." (vgl. Eph 4, 24)*

Es soll ihn an seine Taufe erinnern, bei der er ebenfalls ein weißes Kleid empfangen hat: *„Empfange das weiße Kleid und bringe es makellos vor den Richterstuhl unseres Herrn Jesus Christus, auf dass du das ewige Leben habest." (a. o. Ritus)*

Das Schultertuch

Vor allem aber zur Darbringung des heiligen Messopfers umgibt er sich mit weißen Gewändern. Nachdem er sich in der Sakristei die Hände gewaschen hat, verbunden mit einem Gebet um innere Reinigung,

nimmt er das Schultertuch, legt es zunächst wie einen Helm über sein Haupt und spricht dabei: *„Setze, o Herr, auf mein Haupt den Helm des Heiles, damit ich alle teuflischen Anfechtungen überwinde."*

Das Schultertuch bedeutet die Lauterkeit der Gesinnung und die Reinheit der Gedanken.

Die Albe

Die Albe (von *albus = weiß*) symbolisiert die Reinheit des Herzens. Während der Priester sie anlegt, betet er: *„Läutere mich, o Herr, und reinige mein Herz, damit ich, im Blut des Lammes weiß gewaschen, die ewigen Freuden genießen möge."*

Darin ist eine Anspielung auf die Apokalypse des hl. Apostels Johannes: *„Da wandte sich einer von den Ältesten an mich und fragte: ‚Wer sind denn diese in ihren weißen Gewändern? Woher sind sie gekommen?' Ich entgegnete ihm: ‚Mein Herr, du weißt es.' Und er sagte zu mir: ‚Es sind jene, die aus der großen Drangsal kommen; sie wuschen ihre Kleider und reinigten sie im Blute des Lammes. Darum sind sie vor dem Throne Gottes und dienen ihm Tag und Nacht in seinem Tempel, und der auf dem Throne sitzt, wird über ihnen wohnen. Sie werden nicht mehr hungern und dürsten, und nimmer wird die Sonne auf sie fallen noch irgendeine Glut. Denn das Lamm in der Mitte vor dem Throne wird sie weiden und zu den Wasserquellen des Lebens führen, und Gott wird jede Träne wegwischen von ihren Augen.'" (Offb 7, 13-17)*

Das Zingulum

Beim Anlegen des *Zingulums* (= *Gürtel*) betet der Priester um die Kraft, seine gottgeweihte Keuschheit unversehrt zu bewahren: „*Umgürte mich, o Herr, mit dem Gürtel der Reinheit und lösche aus meinen Lenden den Trieb der Begierlichkeit, damit in mir bleibe die Tugend der Enthaltsamkeit und Keuschheit.*“

Zugleich bedeutet das Zingulum wache Bereitschaft im Hinblick auf die Wiederkunft Christi: „*Eure Lenden sollen umgürtet sein, und eure Lampen sollen brennen. Ihr sollt sein wie Menschen, die auf ihren Herrn warten, wenn er von der Hochzeit heimkehrt, damit sie ihm, wenn er kommt und anklopft, sogleich öffnen. Selig jene Knechte, die der Herr bei seinem Kommen wachend antrifft.*“ *(Lk 12, 35-37)*

Der Manipel

Den Manipel trägt der Priester zur heiligen Messe am linken Arm. Ursprünglich hatte er wohl die Funktion eines Schweißtuchs. Er will den Priester daran erinnern, dass er Arbeiter im Weinberg Gottes ist (vgl. Lk 10, 2) und dass er die Mühen und Lasten eines Lebens in der Nachfolge seines Herrn im Bewusstsein des verheißenen Lohnes mit frohem Herzen tragen soll.

Beim Anlegen des Manipels betet der Priester: „*Möge ich, o Herr, würdig sein, den Manipel des Weinens und Schmerzes zu tragen, damit ich mit Jubel den Lohn der Arbeit empfange.*“ Dieses Gebet

ist angelehnt an das Psalmwort: „*Die mit Tränen säen, werden mit Jubel ernten. Es schreitet dahin und weint, wer den Saatbeutel trägt; jedoch mit Jubel kehrt heim, wer seine Garben trägt (portans manipulos suos).“ (Ps 125, 5 f.)*

Es gibt kein Leben ohne Kreuz, und erst recht gibt es kein Priesterleben, das nicht in irgendeiner Weise geprägt wäre vom Kreuz des Meisters, dem er nachfolgt: „*Wenn einer mir nachfolgen will, so verleugne er sich selbst, nehme täglich sein Kreuz auf sich und folge mir nach.“ (Lk 9, 23)* Im Symbol des Manipels trägt der Priester Tag für Tag alle Last empor zum Altar, um von dort Trost, Kraft und Beharrlichkeit zu erlangen.

Die Stola

Die Stola legt der Priester um den Hals und kreuzt sie vorne vor der Brust. Sie ist das eigentliche Amtszeichen des Priesters und wird als Sinnbild der heiligmachenden Gnade gedeutet: „*Gib mir, o Herr, das Kleid der Unsterblichkeit zurück, das ich durch den Fall des Stammvaters verloren habe, und obwohl ich unwürdig Deinem Geheimnis mich nahe, möge ich doch die ewige Freude verdienen.“*

Das Messgewand

Das Messgewand bedeutet das ‚Joch' des Herrn: *„O Herr, der Du gesagt hast: ‚Mein Joch ist süß und meine Bürde leicht', gewähre mir, dieses Joch und diese Bürde so zu tragen, dass ich Deine Gnade erlange."*

Noch ein weiterer Aspekt der Symbolik der heiligen Gewänder ist von Bedeutung: Durch sie wird der Priester nämlich gleichsam ‚verdeckt'. Seine Person tritt zurück, um den sichtbar zu machen, den er vertritt, den ewigen Hohenpriester, Jesus Christus.

Die liturgischen Farben

Die vielfältigen Abstufungen von Feierlichkeit und die unterschiedlichen Charaktere der einzelnen Feste und Zeiten des Kirchenjahres finden einen schönen Ausdruck im mehr oder weniger prächtigen Schmuck des Altares, im Ertönen oder Schweigen der Orgel, im Gebrauch des Alleluja und vor allem in den liturgischen Farben.

• *Weiß* ist die Farbe der *Freude* und der *Reinheit*. Sie wird gebraucht an Weihnachten und Ostern, an den Festen des Herrn und der Gottesmutter, der Engel sowie aller Heiligen, die keine Martyrer sind.

• *Rot* ist die Farbe von *Feuer* und *Blut*. Verwendet wird sie an Pfingsten, an den Festen vom Leiden des Herrn und an den Festen der Martyrer.

• *Violett* ist die Farbe der *Buße*. Sie wird im Advent, in der Fastenzeit, bei Vigilien, an Quatembertagen sowie in allen Messen mit Bußcharakter getragen. Nur am dritten Adventssonntag (*Gaudete*) und am vierten Fastensonntag (*Lætare*) werden zum Ausdruck der Vorfreude *rosarote* Gewänder benutzt.

• *Grün* ist die Farbe der *Hoffnung* und des *Lebens*. Sie wird an den gewöhnlichen Sonntagen nach Erscheinung des Herrn (= *Epiphanie*) und nach Pfingsten getragen.

• *Schwarz* ist die Farbe der *Trauer*. Verwendung findet sie am Karfreitag, bei Seelenmessen und bei Beerdigungen.

5. Abschnitt

DAS GOTTESHAUS

Wie zu einem wertvollen Gemälde ein entsprechender Rahmen gehört, in dem sich seine ganze Pracht entfaltet, so soll sich auch die Liturgie im würdigen Rahmen und in der sakralen Atmosphäre eines Gotteshauses entfalten. Nach dem Wunsch des letzten Konzils soll *„das Gotteshaus, in dem die Heiligste Eucharistie gefeiert und aufbewahrt wird, in dem die Gläubigen sich versammeln und die Gegenwart des auf dem Opferaltar für uns dargebrachten Erlösers zur Hilfe und zum Trost der Gläubigen verehrt wird, ... schön sein, geeignet zu Gebet und heiliger Handlung" (PO 5).*

Im Laufe der Jahrhunderte hat sich der Glaube in einer von reicher Symbolik geprägten Architektur Ausdruck geschaffen. Aus der Art und Weise, wie in bestimmten Epochen Kirchen gebaut wurden, kann man viel über das religiöse Leben einer Zeit ablesen.

Auch die Gotteshäuser enthalten eine ‚Botschaft'. Diese lädt dazu ein, die persönliche Vorbereitung zur Teilnahme am heiligen Messopfer schon mit dem bewussten Eintritt in die Kirche zu beginnen.

Die Stufen zur Kirche

Gewöhnlich steht die Kirche erhöht, und man steigt auf Stufen zu ihrem Eingang empor. Diese Stufen erinnern daran, dass das Haus Gottes ein Haus des Gebetes ist (vgl. Mt 21, 13) und dass der Christ im Gebet seine Seele zu Gott erhebt. Die Stufen sagen: *„Sursum corda! - Empor die Herzen!“* Wer sie erklimmt, soll sich zugleich auch innerlich über das emsige Getriebe der Welt erheben.

Einst beteten die Juden, während sie zum Tempelberg in Jerusalem hinaufstiegen: *„Wer darf hinaufsteigen zum Berg des Herrn, wer darf seine heilige Wohnstatt betreten? Wer schuldlose Hände hat und ein reines Herz, wer sein Begehren nicht auf Böses richtet und keinen Meineid schwört. Dieser wird Segen vom Herrn empfangen und gerechten Lohn vom Gott seines Heiles.“ (Ps 23, 3-5)*

Die Pforte der Kirche

Das Gotteshaus ist ein heiliger, ehrfurchtgebietender Ort. Deshalb mahnt uns beim Eintritt die Pforte der Kirche, auch innerlich eine Schwelle zu überschreiten, nämlich vom *Profanen* ins *Sakrale*, von der Welt hinein ins Heiligtum. Die ‚Welt‘ lassen wir dabei ganz bewusst ‚draußen‘, oder besser gesagt: ‚drunten‘.

Die Pforte *„will mehr, als nur einen nüchternen Zweck erfüllen, sie redet. Wenn du durch ihren Rahmen gehst und bist innerlich wach, dann fühlst du: Nun verlasse ich das Draußen; ich trete in ein Inneres*

ein. Draußen ist die Welt. ... Durch die Pforte treten wir in ein Drinnen ein, vom Markt geschieden, still und geweiht: ins Heiligtum. ... Und wenn einer durch sie hindurchgeht, dann spricht sie zu ihm: Lass draußen, was nicht hereingehört, Gedanken, Wünsche, Sorgen, Neugierde, Eitelkeit. Alles, was nicht geweiht ist, lass draußen. Mach dich rein, du trittst ins Heiligtum. Wir sollten nicht eilfertig durch die Pforte laufen, sollten mit Bedacht hindurchgehen und unser Herz auftun, damit es vernehme, was sie spricht." (Romano Guardini, Von heiligen Zeichen, S. 28)

Zu Beginn des Ritus der Kirchweihe schlug der Bischof zur feierlichen Öffnung dreimal mit dem Stab gegen die geschlossene Tür und betete dabei den Psalmvers: *„Erhebt eure Häupter, ihr Tore, erhebt euch, ihr uralten Pforten, dass der König der Herrlichkeit einziehen kann! ‚Wer ist denn der König der Herrlichkeit?' Der Herr, der Starke, der Held! Der Herr, der Held im Kampf! Erhebt eure Häupter, ihr Tore, erhebt euch, ihr uralten Pforten, dass der König der Herrlichkeit einziehen kann! ‚Wer ist denn der König der Herrlichkeit?' Der Herr der Heerscharen, er ist der König der Herrlichkeit!" (Ps 23, 7-10)*

Als dann in feierlicher Prozession die Reliquien zum Altar gebracht wurden, hat der Bischof die Pforte der Kirche mit Chrisam gesalbt: *„Im Namen des ✠ Vaters und des ✠ Sohnes und des ✠ Heiligen Geistes. Du Pforte sei gesegnet, geheiligt, geweiht, besie-*

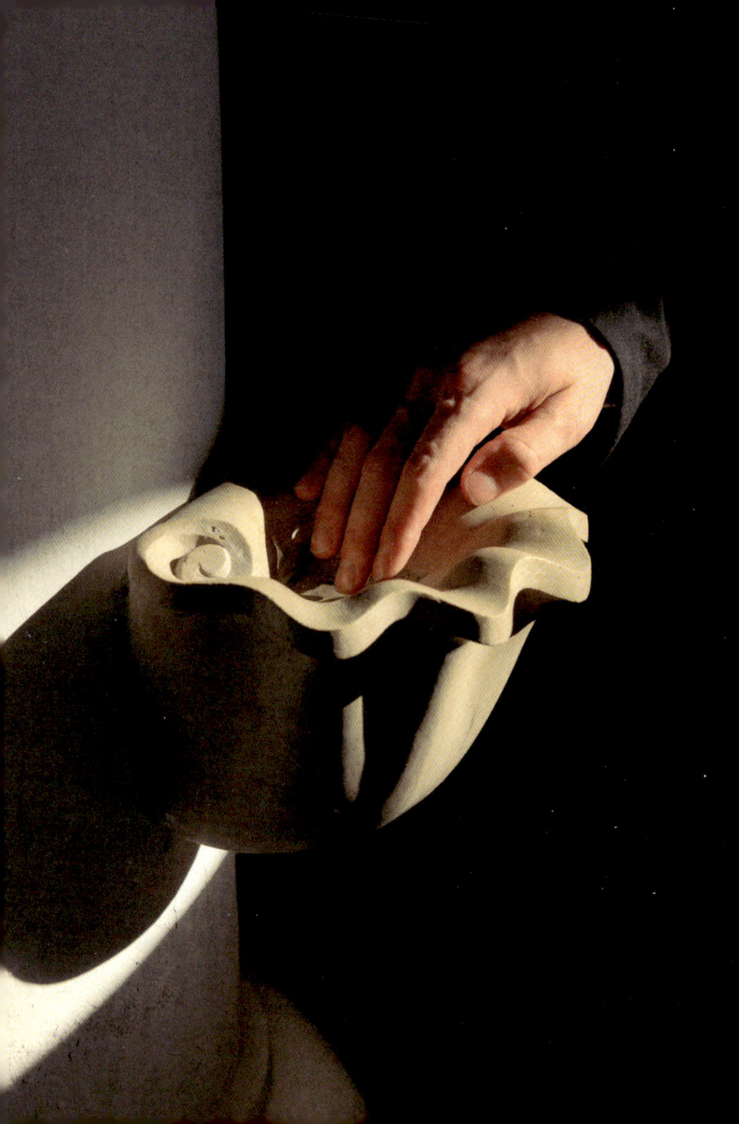

gelt und Gott dem Herrn empfohlen. Du Pforte sei Eingang für Heil und Frieden.“ So wurde sie zum Symbol für Jesus, der von sich sagt: *„Ich bin die Tür. Wenn einer durch mich hineingeht, wird er Heil erfahren.“ (Joh 10, 9)*

Während wir den steinernen Gottestempel betreten, erinnern wir uns, dass Jesus selbst Einlass begehrt in das lebendige Heiligtum unserer Seele: *„Höre den Ruf! Was hilft dir das Haus von Holz und Stein, wenn du nicht selbst lebendiges Haus Gottes bist? Was hilft es dir, wenn die Tore sich hoch wölben und schwere Flügel sich voneinander tun, aber drinnen, in dir, öffnet sich nichts, und der König der Herrlichkeit findet keine Stätte, darin er wohnen könne?“ (Romano Guardini, Von heiligen Zeichen, S. 30)*

Das Weihwasser

Beim Eintritt ins Gotteshaus nimmt man Weihwasser und bekreuzigt sich damit. Schon die natürliche Symbolik des Wassers legt nahe, dabei das Verlangen nach innerer Reinigung zu wecken: *„Wasche ganz von mir ab meine Schuld! Reinige mich von meiner Sünde!“ (Ps 50, 4)*

Zur Fußwaschung beim Letzten Abendmahl sprach Jesus: *„Wer ein Bad genommen, braucht sich nur die Füße zu waschen, er ist ja ganz rein.“ (Joh 13, 10)*

• Das ‚Bad' bedeutet das Sakrament der Buße. Wer schwer gesündigt hat, braucht das ‚Vollbad' einer guten sakramentalen Beichte. Da würde ein ‚Fußbad' nicht genügen.

• Beim Weihwassernehmen bitten wir um Reinigung vom ‚Staub der Straße', nämlich von den kleinen Sünden und Unvollkommenheiten des Alltags, um - wie Petrus - volle Gemeinschaft mit Jesus zu haben.

Schließlich werden wir an die Riten der Kirchweihe und der Taufe erinnert: So wie am Tag der Kirchweihe das Gotteshaus mit Weihwasser besprengt und der Altar gewaschen und gesalbt wurde, so wurde auch der Christ durch das Wasser der Taufe grundlegend gereinigt und durch die Salbung mit heiligem Chrisam zum Gottestempel geweiht. Deshalb schreibt der hl. Apostel Paulus: *„Wisst ihr nicht, dass euer Leib ein Tempel des Heiligen Geistes ist, der in euch wohnt? Ihn habt ihr von Gott, und nicht euch selber gehört ihr. Denn ihr wurdet erkauft um einen teuren Preis. So verherrlicht denn Gott in eurem Leib!" (1 Kor 6, 19 f.)*

Der überlieferte Ritus der Kindertaufe beginnt gerade an der Schwelle der Kirche. Dort bezeichnet der Priester den Täufling mit dem Kreuz und spricht: *„Empfange das Zeichen des Kreuzes auf die Stirn und auf das Herz. Ergreife den Glauben an die himmlische Lehre und wandle so, dass du ein Tempel Gottes sein kannst."*

Eine besonders feierliche Form des Weihwasser-nehmens ist das *Asperges* vor dem sonntäglichen Hochamt, bei dem wir singen: *„Besprenge mich, o Herr, mit Ysop, und ich werde rein; wasche mich, und ich werde weißer als Schnee." (Ps 50, 9)*

„Das Weihwassertröpfchen, das vor dem Sonntags-hochamt auf uns niederfällt, will uns eine Predigt halten am Tor der heiligen Feier des Opfers Jesu Christi: Sei stolz, dass du kommen darfst, du getaufter Christ, und danke dem, der dich gerufen hat. Sei demütig, du sündiger Christ, und ehe du kommst, bitte den, der allein das Taufkleid deiner Seele wieder zu waschen vermag, und es wird weißer als der Schnee!" (Balthasar Fischer, Was nicht im Katechismus stand, S. 50)

Die Kniebeuge und das Schweigen

Die Kniebeuge gilt dem eucharistischen Herrn im Tabernakel. Sie drückt einen inneren Akt des Glaubens und der Anbetung aus. Damit sie echt sei, muss, während man äußerlich das rechte Knie zum Boden beugt, sich auch innerlich das Herz vor Gott neigen.

Alles im Hause Gottes soll Ehrfurcht atmen. Das bewusste Schweigen in der Kirche entspricht der Heiligkeit des Ortes.

6. Abschnitt

DER EINZUG

Der Gang zum Altar vollzieht sich - freilich einmal mehr und einmal weniger feierlich - doch stets in Form einer Prozession. Dabei ist der *äußere* Weg Bild für einen *inneren* Weg, denn noch viel mehr als auf die leibliche Präsenz kommt es beim eucharistischen Opfer auf die bewusste und wache innere Gegenwart an. Priester und Volk sollen nicht nur *äußerlich* anwesend sein, sondern auch ganz bewusst eine *innere* Nähe zum Altar suchen.

Zu diesem Zweck ist es sehr nützlich, die Zeit nicht zu knapp zu kalkulieren, sondern sich vor Beginn der heiligen Messe einige Minuten zur persönlichen geistlichen Vorbereitung zu sichern. Auf diese Weise gewinnt man viel bewusster Distanz zum Alltag und setzt das, was man beim Betreten der Kirche und beim Weihwassernehmen symbolisch begonnen hat, in stiller Sammlung fort. Je ruhiger die Seele ist, desto freier wird sie sich erheben, und je mehr man innerlich dabei ist, desto reichere Früchte darf man sich aus der Teilnahme am heiligen Messopfer erhoffen.

Die Sakristeiglocke

Bevor der Priester zum Altar schreitet, erklingt gewöhnlich die Sakristeiglocke. So vielfältig die ‚Sprache der Glocken' ist, so rufen sie doch immer zur Aufmerksamkeit. Sie werden geläutet als Totenglocke und um Festfreude zu verkünden, um zur heiligen Messe, zur Andacht oder zum Angelus zu laden oder beim Herannahen eines Gewitters zum Gebet zu mahnen. Zum Ehrenzeichen werden sie, wenn sie im Moment der heiligen Wandlung erklingen oder wenn sie durch festliches Geläute den Einzug des Bischofs in ein Dorf verkünden.

Auch die Sakristeiglocke ruft zur Aufmerksamkeit und zur Ehrfurcht. Sobald sie erklingt, erheben sich die Gläubigen, weil sie mit den Augen des Glaubens im Priester *Christus* sehen und ihn ehren.

Ein Beispiel soll verdeutlichen, wem diese Ehre gilt: In einem Dorf hielt man eine feierliche Prozession zu Ehren des hl. Antonius. Dazu befestigte man einen schön verzierten Schrein mit der Reliquie des Heiligen auf dem Rücken eines kleinen Esels. Dann führte man den Esel unter Glockengeläut durch die Straßen. Die Leute aber standen still und verneigten sich. Und der Esel? Was mag der nun gedacht haben? Ob er wohl meinte, die Ehre gelte ihm?

Ebenso gelten all die Zeichen der Ehrung, welche dem Priester in der Liturgie erwiesen werden, nicht seiner Person. Er nimmt sie stellvertretend für den entgegen, den er vertritt, und er wäre durchaus ein Esel, wenn er sich darauf etwas einbilden würde. Wo immer ihm solche Ehre widerfährt, mag er sich in Demut bewusst sein, wie hoch der Anspruch ist, auch im persönlichen Lebenswandel seiner priesterlichen Würde zu entsprechen.

7. Abschnitt

DER ORDO MISSÆ

Geschichtlich betrachtet, ist die eigentliche und ursprüngliche Form der heiligen Messe das vom Papst oder einem Bischof zelebrierte feierliche Pontifikalamt. Die Entwicklung hin zu schlichteren liturgischen Feiern kam erst später, als die römische Liturgie sich auszubreiten begann und Anpassungen an einfachere Verhältnisse notwendig wurden.

In der Praxis beschreitet man heute freilich den genau umgekehrten Weg. Ausgehend von einer möglichst würdigen Zelebration einfacher Formen der heiligen Messe, sucht man vor allem zu den hohen Festtagen den notwendigen Rahmen dafür zu schaffen, dass sie ihren ganzen Reichtum entfalten kann, vom gesungenen Amt über das levitierte Hochamt bis hin zum feierlichen Pontifikalamt.

Dabei ist es bemerkenswert, dass vom Pontifikalamt bis hin zur ‚stillen Messe' die wesentlichen Strukturen stets gleich bleiben. Genau diese immer gleich bleibende Ordnung, die wir ORDO MISSÆ nennen, ist ein starkes Zeichen von Einheit. Wer sich mit dieser Ordnung einmal vertraut gemacht hat, wird sich in allen mehr oder weniger feierlichen Formen der heiligen Messe leicht zurechtfinden.

Wir werden nun dem ORDO MISSÆ folgen, indem wir Schritt für Schritt seine Riten erläutern, um den

Sinn für ihre zeitlose Schönheit und ihren spirituellen Reichtum zu wecken.

Vielleicht mag es in einer sehr kurzlebigen und nach immer neuen Abwechslungen haschenden Zeit ungewohnt erscheinen, am Altar Tag für Tag der gleichen Ordnung zu folgen. Wer sich aber auf die Logik ständiger Abwechslung einlässt, steht bald unter dem Zwang, kreativ sein und rastlos immer Neues ‚bieten' zu müssen.

Wir sind überzeugt, dass auch der heutige Mensch sich im Grunde nach einer festen Ordnung sehnt und inmitten ständigen Wandels gerade in dieser Form der Liturgie einen sicheren Halt, eine Quelle inneren Friedens und ein Stück geistige Heimat finden kann.

Auch heute noch beansprucht die kirchliche Autorität das alleinige Recht, die Liturgie zu ordnen. Sowohl im letzten Konzil als auch im kirchlichen Gesetzbuch werden die Priester eindringlich gemahnt, sich bei der Feier der Liturgie an die amtlichen liturgischen Bücher zu halten: *„Deshalb darf niemand dabei eigenmächtig etwas hinzufügen, weglassen oder ändern" (Canon 846 § 1 CIC), „auch wenn er Priester wäre" (SC 22 § 3).* Im ‚Direktorium für Dienst und Leben der Priester' der Kongregation für den Klerus vom 31. Januar 1994 wird betont, dass die Gläubigen *„ein wahres Recht"* darauf haben, *„an liturgischen Feiern so teilzunehmen, wie sie die Kirche will, und nicht nach dem persönlichen Geschmack des einzelnen Amtsträgers" (Nr. 64).*

In der Instruktion ‚Redemptionis Sacramentum' der Kongregation für den Gottesdienst und die Sakramentenordnung vom 25. März 2004 heißt es: *„Alle Christgläubigen haben das Recht auf eine wahre Liturgie und besonders auf eine Feier der heiligen Messe, wie sie die Kirche gewollt und festgesetzt hat, wie es also in den liturgischen Büchern und durch andere Gesetze und Normen vorgeschrieben ist. In gleicher Weise hat das katholische Volk das Recht, dass das Opfer der heiligen Messe unversehrt und in voller Übereinstimmung mit den Äußerungen des Lehramtes der Kirche gefeiert wird." (Nr. 12)*

Wie demgegenüber vielfach die liturgische Realität aussieht, brauchen wir hier nicht zu kommentieren. Immerhin stellt dieselbe Instruktion fest, man könne nicht verschweigen, *„dass es Missbräuche, auch sehr schwerwiegender Art, gegen das Wesen der Liturgie und der Sakramente sowie gegen die Tradition und die Autorität der Kirche gibt" (Nr. 4).*

Gliederung

Die drei Hauptteile des Messritus sind:

1. Vormesse
2. Opfermesse (Opferung, Wandlung, Kommunion)
3. Nachmesse

Einen Gesamtüberlick über die Gliederung des ORDO MISSÆ gibt die folgende Übersicht, und es ist nützlich, sich zunächst damit vertraut zu machen.

Aufbau der heiligen Messe

1. Hauptteil: Vormesse

1. Einzug und Stufengebet
2. Introitus = Eingangsvers
3. Kyrie
4. Gloria (je nach Rang des Tages)
5. Oration = Tagesgebet
6. Lesung
7. Graduale/Alleluja/Tractus = Zwischengesang
8. Evangelium
9. Predigt (je nach Anlass)
10. Credo (je nach Rang des Tages) = Glaubensbekenntnis

2. Hauptteil: Opfermesse

1) Opferung

1. Dominus vobiscum/Offertoriumsvers
    2. Opferung des Brotes
    3. Opferung des Weines
    4. Lavabo = Händewaschung
    5. Orate fratres/Suscipiat
6. Secret

2) Wandlung

1. Präfation
    2. Sanctus
        3. Gebete vor der Wandlung
            4. Heilige Wandlung
        5. Gebete nach der Wandlung
    6. Per ipsum
7. Pater noster

3) Kommunion

1. Brechung der heiligen Hostie und Pax
2. Agnus Dei
3. Friedensgebet und Kommuniongebete
4. Kommunion des Priesters
5. Kommunion des Volkes
6. Purifikation

3. Hauptteil: Nachmesse

1. Communio = Kommunionvers
2. Postcommunio = Schlussgebet
3. Ite Missa est
4. Segen
5. Schlussevangelium

Veränderliche Teile

Neben den stets gleichbleibenden Teilen des ORDO MISSÆ gibt es folgende Elemente, die sich je nach dem liturgischen Tag oder Festgeheimnis ändern:

Veränderliche Teile

1.	Introitus	=	Eingangsvers
2.	Oration	=	Tagesgebet
3.	Lesung		
4.	Graduale / Tractus / Alleluja	=	Zwischengesang
5.	Evangelium		
6.	Offertorium	=	Opferungsvers
7.	Secret	=	Stillgebet
8.	Präfation		
9.	Communio	=	Kommunionvers
10.	Postcommunio	=	Schlussgebet

Heilige Othilia!
Bitt Für Uns!

8. Abschnitt

DIE VORMESSE

Die Vormesse beginnt mit dem *Stufengebet.* Wie schon der Name andeutet, wird es vor der untersten Altarstufe verrichtet, und zwar in erster Linie zur geistlichen Einstimmung des Priesters und der Altardiener auf das heilige Messopfer.

Altarstufen

Die zumeist drei Altarstufen erinnern einerseits an den Aufstieg der Seele zu Gott durch die drei göttlichen Tugenden (*Glaube, Hoffnung, Liebe*). Andererseits versinnbilden sie den Berg Golgotha, auf dem Jesus sein Blut für uns vergossen und sein Kreuzesopfer dargebracht hat.

Schon im Alten Bund spielen Berge als Orte der Nähe Gottes und als Opferstätten eine wichtige Rolle. Besonders bedeutungsvoll ist in diesem Zusammenhang das Opfer des Abraham auf dem Berg Moria: *„Gott sprach: ‚Nimm deinen einzigen Sohn, den du lieb hast, den Isaak, begib dich in das Land Moria und bringe ihn dort auf einem der Berge, den ich dir zeigen werde, zum Brandopfer dar!'" (Gen 22, 2)* Nach alten Überlieferungen könnte Moria durchaus mit Golgotha identisch sein. Wie Isaak ist auch Jesus der einzig geliebte Sohn, der selbst das Holz für sein Opfer getragen hat.

Die symbolische Deutung des Altares als Golgothaberg wird auch durch die Gegenstände auf dem Altar unterstrichen: Das *Altarkreuz* erinnert an das blutige Opfer Jesu, die drei *Leinentücher* stehen für die Grabtücher, und die *Kerzen* symbolisieren das Licht der Auferstehung. All das soll uns bewusst machen, dass im heiligen Messopfer dasselbe geschieht wie damals auf Golgotha, denn das Kreuzesopfer wird in jeder heiligen Messe in unblutiger Weise auf dem Altar gegenwärtig gesetzt. Daher ziemt es sich, mit einer eben solchen inneren Haltung zum Altar hinzuzutreten, wie sie einem Aufstieg auf Golgotha entspricht.

Über die Bedeutung des Emporsteigens schreibt Romano Guardini: *„Das Unten ist nun einmal vom Wesen her Gleichnis für das Geringe, Schlechte; das Droben Gleichnis für das Edle, Gute, und jedes Emporsteigen spricht vom Aufstieg unseres Wesens zum ‚Allerhöchsten', zu Gott. ... Darum führen die Stufen von der Straße zur Kirche. Sie sagen: Du gehst hinauf, zum Haus des Gebetes, näher zu Gott. Vom Schiff der Kirche führen wieder Stufen zum Chor. Sie sagen: Nun trittst du ins Allerheiligste ein. Und Stufen tragen zum Altar empor. Wer die hinaufgeht, dem sagen sie, wie einst Gott zu Moses auf dem Berge Horeb: ‚Ziehe die Schuhe von den Füßen, denn die Stätte, darauf du stehst, ist heiliges Land.' (Ex 3, 5) Der Altar ist Schwelle der Ewigkeit. Wie groß ist das! Nicht wahr, nun wirst du die Stufen wissend steigen? Wissend, dass es emporgeht? Wirst alles Niedrige drunten lassen und wirklich ‚zur Höhe' steigen? Aber was soll*

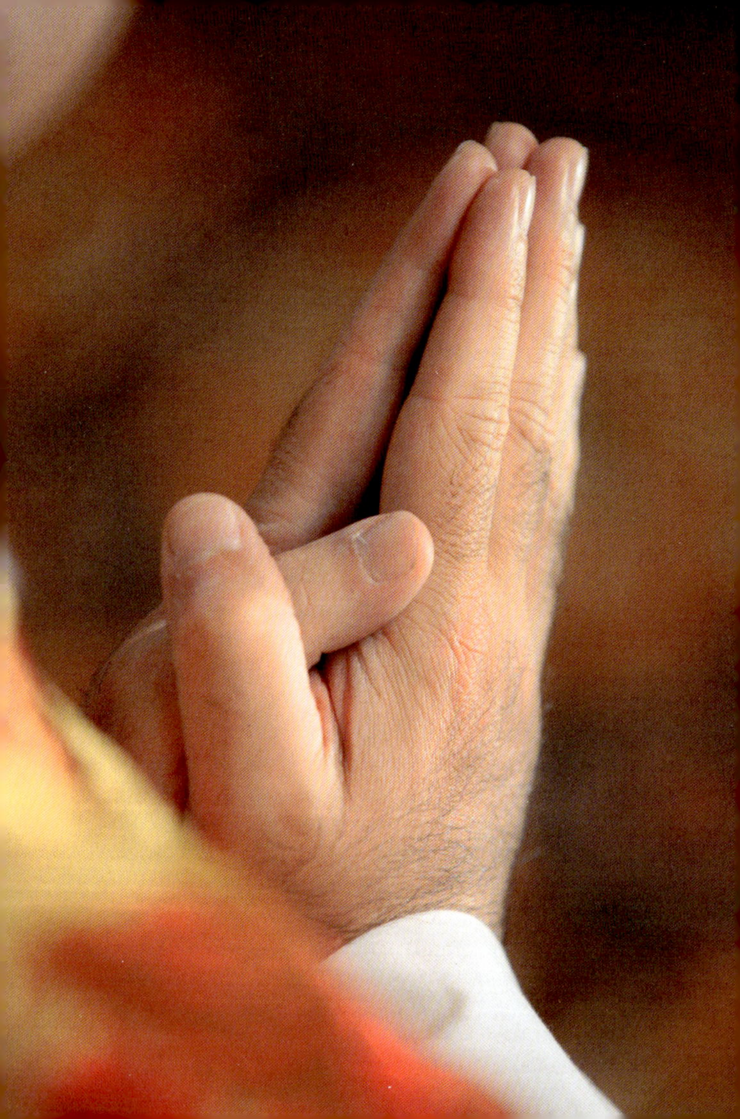

man da viel sagen? Es muss dir innerlich klar werden, damit die ‚Aufstiege des Herrn' sich in dir ereignen, das ist alles." (Von heiligen Zeichen, S. 26 f.)

Kreuzzeichen

Das Stufengebet beginnt *„Im Namen des Vaters und des Sohnes und des Heiligen Geistes"*.

Mit dem Kreuzzeichen stellen wir uns unter das Kreuz Jesu und bekennen in *Wort* und *Gestus* die beiden grundlegendsten Geheimnisse des christlichen Glaubens: Der *Mund* bekennt den dreifaltigen Gott, während die *Hand* ein Kreuz zeichnet und so den Glauben an das Geheimnis der Menschwerdung und die Erlösung durch das Kreuz zum Ausdruck bringt.

Psalm ‚Judica'

Der Psalm ‚Judica' (Ps 42) ist besonders gut dazu geeignet, den Gang zum Altar zu deuten, denn er enthält in groben Zügen eine wunderbare Zusammenschau der ganzen heiligen Messe.

Der vierte Vers wird zum Kehrvers: *„Introibo ad altare Dei ... - Eintreten will ich zum Altare Gottes, zu Gott, der meine Jugend erfreut."* Gemeint ist hier nicht so sehr die leibliche Jugend. Vielmehr steckt darin ein Hinweis auf die neue Geburt durch die heilige Taufe (vgl. Joh 3, 5), von welcher der hl. Ambrosius sagt: *„Du hast abgelegt das Alter der Sünde und*

Heilige Othilia

angelegt die Jugend der Gnade.“ Die Sünde lässt die Seele altern, macht sie hässlich und führt zum ewigen Tod. Die göttliche Gnade aber schenkt neue Jugend, die hinführt zum ewigen Leben. Eine Seele im Stand der Gnade ist immer jugendlich schön, und *„mag auch unser äußerer Mensch aufgerieben werden, so wird doch der innere von Tag zu Tag neu“ (2 Kor 4, 16).* Durch die Sakramente und vor allem im heiligen Messopfer wird das göttliche Leben der Seele vermehrt. Wir nahen uns dem Quell des Lebens, um ‚erfreut‘ zu werden mit frischer Jugend.

„Wie vielfältig hast Du Deine Barmherzigkeit erwiesen, o Gott! Die Menschenkinder aber, im Schutz Deiner Flügel werden sie hoffen. Sie werden berauscht vom Überfluss Deines Hauses, und mit dem Strom Deiner Wonne wirst Du sie tränken. Denn bei Dir ist die Quelle des Lebens, und in Deinem Licht werden wir schauen das Licht.“ (Ps 35, 8-10)

Drei Wege

Die Lehrer des geistlichen Lebens sprechen von drei ‚Wegen‘, die der Mensch gehen muss, um zur Vereinigung mit Gott zu gelangen: dem Weg der *Reinigung*, dem Weg der *Erleuchtung* und dem Weg der *Einigung*. Dem entspricht auch die innere Ordnung der gesamten heiligen Messe. Zunächst steht deutlich der Gedanke der Reinigung im Vordergrund, während Lesung, Evangelium und Predigt hauptsächlich der

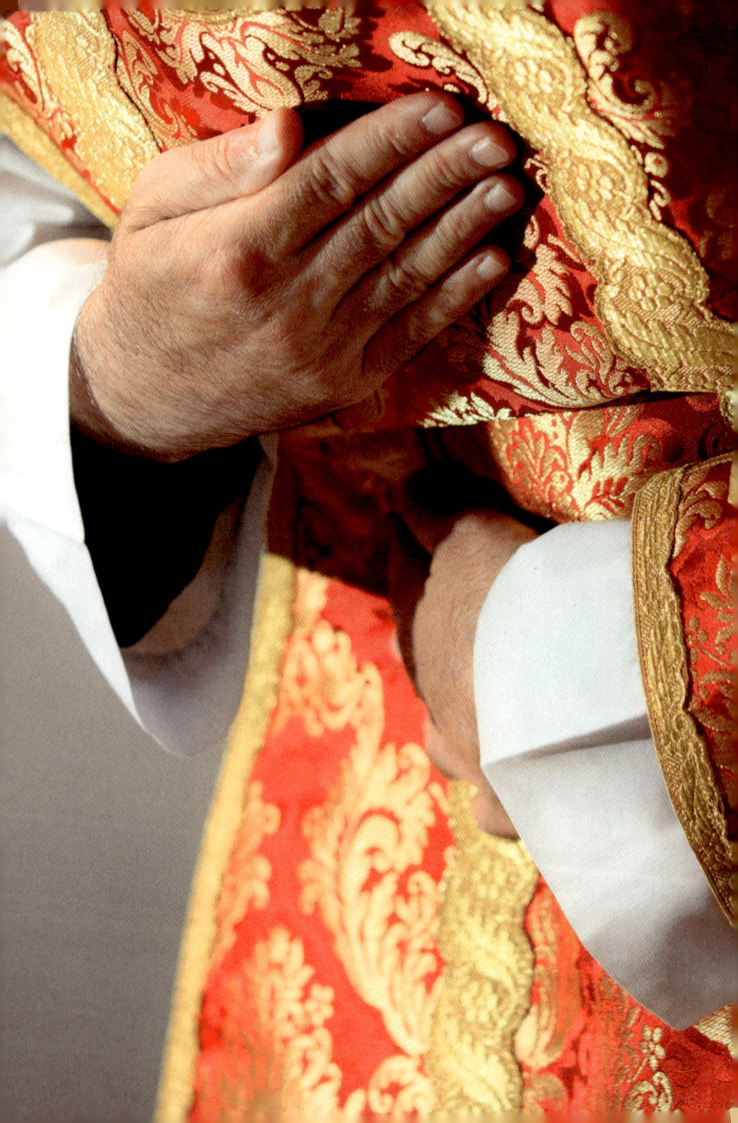

Erleuchtung dienen. Höhepunkt der heiligen Messe sind die heilige Wandlung und die sakramentale Vereinigung mit Christus in der heiligen Kommunion.

Auch der Psalm *Judica* spiegelt dieses geistliche Grundgesetz wider:

Der erste Vers („*Judica me, Deus* ...“) bringt das Verlangen nach Reinigung und nach Abgrenzung von der gottfremden Welt zum Ausdruck. Der „*homo iniquus et dolosus - der ungerechte und tückische Mensch*“ ist der ‚alte‘ Mensch, der in uns gekreuzigt werden soll (vgl. Röm 6, 6). So sagt der hl. Apostel Paulus: „*Wenn ihr nach dem Fleische lebt, werdet ihr sterben; wenn ihr aber durch den Geist die Werke des Fleisches zum Sterben bringt, werdet ihr leben.*“ *(Röm 8, 13)*

In der Bitte des dritten Verses erkennen wir den Weg der Erleuchtung: „*Sende aus Dein Licht und Deine Wahrheit; sie haben mich geleitet und mich herbeigeführt zu Deinem heiligen Berg und in Dein Gezelt.*“ Im Heiligtum selbst aber und durch den Segen, der vom Altar kommt, werden wir aufs Innigste mit Gott vereint: „*Und eintreten will ich zum Altare Gottes, zu Gott, der meine Jugend erfreut.*“

Confiteor

Das *Confiteor* (= *Schuldbekenntnis*) erinnert an das Gleichnis vom Pharisäer und vom Zöllner im Tempel: *„Der Zöllner aber ... wollte nicht einmal die Augen zum Himmel erheben, sondern schlug an seine Brust und sprach: ‚Gott, sei mir Sünder gnädig!'" (Lk 18, 13)* Ebenso nimmt der Priester die tief gebeugte Haltung eines Sünders ein, der sich zerknirscht an die Brust schlägt, um sein armes Herz zu heilsamer Reue zu erschüttern, während er den ganzen himmlischen Hof zu Zeugen anruft: *„Ich bekenne Gott, dem Allmächtigen, der seligen, allzeit reinen Jungfrau Maria, dem heiligen Erzengel Michael, dem heiligen Johannes dem Täufer, den heiligen Aposteln Petrus und Paulus, allen Heiligen, und euch, Brüder, dass ich viel gesündigt habe in Gedanken, Worten und Werken, durch meine Schuld, durch meine Schuld, durch meine übergroße Schuld ..."*

Das Schlagen an die Brust deutet Romano Guardini: *„Du hast vielleicht schon einmal auf alten Bildern Sankt Hieronymus in der Wüste knien sehen, wie er mit einem Stein in der Hand schütternd an die Brust schlägt. Es ist ein Schlag, kein zierliches Getue. Er soll wider die Pforten unserer inneren Welt fahren und sie durchschüttern. ... Das also bedeutet es, wenn der Mensch an seine Brust schlägt: Er weckt sich auf. Er rüttelt die innere Welt wach, damit sie Gottes Ruf vernehme." (Von heiligen Zeichen, S. 23 f.)*

Versikel

Das Stufengebet endet mit drei in leicht gebeugter Haltung gesprochenen *Versikeln* (= *kurze Verse*).

Der hl. Ignatius von Loyola fordert in seinen geistlichen Übungen dazu auf, jeweils vor den Betrachtungen um das zu bitten, was man als besondere Gnade begehrt. Vielleicht dürfen wir die Versikel des Stufengebetes ganz ähnlich deuten, nämlich als innige Bitte um das, was wir als Frucht der heiligen Messe begehren: *„Gott, wende Dich uns zu und gib uns neues Leben. Dann wird Dein Volk in Dir sich freuen. - Zeige, Herr, uns Deine Huld. Und schenke uns Dein Heil. - Herr, erhöre mein Gebet. Und lass mein Rufen zu Dir kommen."*

Aufstieg zum Altar

Während der Priester die Stufen zum Altar emporsteigt, betet er still das Gebet *Aufer a nobis*: *„Nimm weg von uns, so bitten wir, Herr, unsere Sünden, damit wir ins Allerheiligste mit reinem Herzen einzutreten vermögen."*

Die Worte *„Sancta sanctorum"* (= das *Allerheiligste*) erinnern an den alttestamentlichen Tempel Salomons (vgl. 1 Kön 6, 16) und bezeugen tiefe Ehrfurcht vor der Heiligkeit des Altars.

Altarkuss

Der Priester stützt zunächst die gefalteten Hände auf den Altar, beugt sich dann tief nieder und küsst ihn, während er still das *Oramus te* spricht: *„Wir bitten Dich, Herr, durch die Verdienste Deiner Heiligen, deren Reliquien hier ruhen, und aller Heiligen, Du mögest gnädig nachlassen alle meine Sünden."*

Indem er die Hände auf den Altar stützt, will er andeuten, *„dass er nicht auf eigene Kraft, sondern auf Christus und die Heiligen sich stütze und dass er im Vertrauen auf die Verdienste derselben Nachlass all seiner Sünden von Gott erhoffe und erflehe" (Gihr, S. 334)*.

Der Kuss gilt dem Altar, insofern er Sinnbild Christi ist. Nach uralter Tradition muss nämlich auf jedem Altar ein *Altarstein* sein, der bei der Weihe vom Bischof mit Chrisam gesalbt wurde. Das *Chrisam* deutet auf *Christus* (= *der Gesalbte*) hin. Unterstützt wird diese Symbolik durch fünf Kreuze, die auf dem Altarstein eingraviert sind und die an die fünf Wunden Jesu erinnern.

Ganz ausdrücklich gilt der Kuss aber auch den Reliquien der Martyrer, die bei der Altarweihe im Altarstein eingemauert wurden. Zu Zeiten der frühen römischen Kirche war es Brauch, besonders am Gedächtnistag eines Martyriums die heilige Messe direkt über den Gräbern der Martyrer zu feiern. Schon um das Jahr 270 bestätigt dies Papst Felix I. als eine

längst bestehende Gewohnheit. Als später die Christen in Freiheit Kirchen bauen konnten, nahmen sie die Leiber der Martyrer mit und bestatteten sie unter den Altären. Dabei denken wir an das geheimnisvolle Wort von der Öffnung des fünften Siegels in der Apokalypse des hl. Apostels Johannes: *„Als es das fünfte Siegel öffnete, sah ich unter dem Altar die Seelen derer, die hingemordet waren um des Wortes Gottes und um des Zeugnisses willen, an dem sie festhielten." (Offb 6, 9)*

Die Martyrer haben in Treue zu Christus und im Bekenntnis des wahren Glaubens ihr Blut vergossen. Die Kraft zur Darbringung ihres Lebensopfers hatten sie aber nicht aus sich selbst, sondern gerade aus der Vereinigung mit jenem Opfer, *„von dem jedes Martyrium seinen Ausgang nimmt" (Secret vom Donnerstag nach dem 3. Fastensonntag)*. Der Kuss des Martyrergrabes soll Zeichen der Bereitschaft sein, verbunden mit der Bitte, auch uns möge das Opfer des Altares zum Kraftquell für ein frohes und mutiges Glaubenszeugnis werden.

Schließlich setzt dieser Kuss den Glauben an die *Auferstehung des Fleisches* voraus. Als Vertreter der streitenden Kirche auf Erden grüßt der Priester die Heiligen, deren sterbliche Überreste hier ruhen. Sie haben ihr Ziel bereits erreicht und erwarten in seliger Freude die Auferstehung ihrer Leiber (*resurrectio carnis*) am Jüngsten Tag. So wird der Kuss zum Ausdruck der festen Hoffnung, dass auch unsere Leiber

auferstehen werden in Herrlichkeit: *„Unser Heimatrecht ist im Himmel, von wo wir auch den Heiland erwarten, den Herrn Jesus Christus. Er wird unseren armseligen Leib umgestalten, dass er teilhabe an der Gestalt seines verherrlichten Leibes vermöge der Kraft, mit der er sich auch zu unterwerfen vermag das All." (Phil 3, 20 f.)*

Wenn der Priester sich zum Kuss niederbeugt, mag er in Demut daran denken, dass einer, der zur engsten Freundschaft mit Jesus berufen war, ihn ausgerechnet durch einen Kuss verraten hat: *„Er näherte sich Jesus, um ihn zu küssen. Jesus aber sprach zu ihm: ‚Judas, mit einem Kuss verrätst du den Menschensohn?'" (Lk 22, 47 f.)*

Asperges und Altarinzens

Zwei weitere Riten stehen deutlich im Kontext der Weihe des Altares, nämlich das sonntägliche *Asperges* und die *Altarinzens*.

• Unmittelbar vor der Sonntagsmesse, beim *Asperges*, besprengt der Priester zunächst dreimal den Altar mit Weihwasser, wie auch damals der Bischof den Altar mit einem besonders geweihten, nämlich *Gregorianischem Wasser* besprengt hat. Die anschließende Besprengung der Gläubigen erinnert wiederum an die heilige Taufe, in welcher auch sie zu lebendigen Gottestempeln geweiht wurden.

• Es gehört zu den eindrucksvollsten Zeremonien einer Altarweihe, wenn nach dessen Salbung auf dem Altar fünf Häuflein Weihrauchkörner entzündet werden, so dass dann der Altar in eine dichte Wolke gehüllt ist. Genau daran wird erinnert, wenn der Priester nach dem Stufengebet Weihrauch einlegt und den Altar inzensiert.

Schon im Alten Testament war eine Wolke Zeichen der besonderen Nähe und Gegenwart Gottes: *„Moses stieg den Berg hinauf; sodann verhüllte die Wolke den Berg. Die Herrlichkeit des Herrn ließ sich auf den Berg Sinai nieder, und die Wolke bedeckte ihn sechs Tage lang. Am siebten Tage rief er den Moses mitten aus dem Gewölk. Die Herrlichkeit des Herrn aber erschien den Israeliten wie ein loderndes Feuer auf dem Bergesgipfel. Moses ging in die Wolke hinein, stieg den Berg hinauf und verblieb vierzig Tage und vierzig Nächte auf dem Berg." (Ex 24, 15-18; vgl. auch Ex 40, 34 f.)* Ähnlich wie Moses tritt auch der Priester vor Gott, und nicht weniger gewaltig als die Gotteserscheinung auf dem Sinai ist das Geheimnis des Altares.

Introitus

Der Priester bekreuzigt sich und liest auf der rechten Seite des Altares den *Eingangsvers* (*Introitus,* von *introire = eintreten*). In alter Zeit war dies ein Psalmengesang, der während des Einzugs zum Altar ge-

sungen wurde. Seit dem hohen Mittelalter ist er auf die heutige Form geschrumpft: Nach einer in schöne Melodien gefassten Antiphon (= Wechselgesang) folgt ein Psalmvers mit *Gloria Patri*, woraufhin die Antiphon wiederholt wird. Gewöhnlich gibt der Introitus die Grundstimmung der ganzen Messfeier an und eignet sich gut für den betrachtenden Zugang zum Festgeheimnis des jeweiligen Tages.

Kyrie

Das *Kyrie eleison* (= *Herr, erbarme Dich*) ist das einzige Gebet im Messritus, welches in griechischer Sprache abgefasst und bis heute so beibehalten wurde.

Die Neunzahl der Anrufungen geht auf den hl. Papst Gregor den Großen († 604) zurück. Wir sehen darin zunächst eine Huldigung an die Allerheiligste Dreifaltigkeit: Jeweils drei Anrufungen gelten nacheinander dem *Vater*, dann dem *Sohn* und schließlich dem *Heiligen Geist*. Sie erinnert aber auch an die neun Chöre der heiligen Engel und somit an die Einheit von himmlischer und irdischer Liturgie.

Die beiden Teile jeder einzelnen Anrufung entsprechen genau dem zweifachen Ziel des Menschen, nämlich der *Ehre Gottes* und dem *Heil der Seele*, wie es der Katechismus lehrt: *„Wir sind auf Erden, um Gott zu erkennen, ihn zu lieben, ihm zu dienen und dadurch in den Himmel zu kommen.“*

• Das Wort *„Kyrie"* ist eine Huldigung zur Ehre Gottes. Es vereinigt uns im Bekenntnis zur wahren Gottheit und zum Königtum Christi mit dem hl. Apostel Thomas, der anbetend sprach: *„Mein Herr (kyrios) und mein Gott!" (Joh 20, 28)* Auch denken wir an das Wort des hl. Apostels Paulus: *„Auf dass beim Namen Jesu sich beuge jedes Knie, derer im Himmel, derer auf Erden und derer unter der Erde, und jede Zunge bekenne: Herr (kyrios) ist Jesus Christus, zur Verherrlichung Gottes, des Vaters." (Phil 2, 10 f.)*

• Im Wort *„eleison"* erflehen wir Gottes Gnade zu unserem Heil. Auch hierin ist ein biblischer Anklang, und es ist gut, wenn wir es nicht nur mit denselben Worten, sondern auch in derselben Gesinnung rufen wie einst die Blinden vor Jericho: *„Als sie von Jericho weggingen, folgte ihm viel Volk. Und siehe, zwei Blinde, die am Wege saßen, hörten, dass Jesus vorübergehe, und schrien: ‚Herr, erbarme dich unser (eleison ... kyrie), Sohn Davids!' Die Menge aber fuhr sie an, sie sollten schweigen. Doch sie schrien noch lauter: ‚Herr, erbarme dich unser, Sohn Davids!'" (Mt 20, 29-31)*

Gloria

Das *Gloria* wird an allen Festen des Jahres gebetet. Es beginnt mit den Worten des Lobgesanges der Engel auf den Fluren von Bethlehem bei der Verkündigung der Geburt des göttlichen Erlösers: *„Ehre sei*

Gott in der Höhe und auf Erden Friede den Menschen, die guten Willens sind." (Lk 2, 14) Seinen ursprünglichen Platz in der Liturgie hat es gemäß dem Sakramentar des hl. Papstes Gregor des Großen aber nicht an Weihnachten, sondern vielmehr an Ostern. Noch heute wird das Gloria in der Osternacht am feierlichsten hervorgehoben. Erst seit dem 12. Jahrhundert wird es auch an sonstigen Festtagen gebraucht.

Wie das *Kyrie* ist auch das *Gloria* klar trinitarisch gegliedert:

• Der erste Teil richtet sich an den Vater und enthält sehr stark das Motiv von Lobpreis und Dank: *„Wir loben Dich. Wir preisen Dich. Wir beten Dich an. Wir verherrlichen Dich. Wir sagen Dir Dank ob Deiner großen Herrlichkeit. Herr und Gott, König des Himmels, Gott allmächtiger Vater!"*

• Der zweite Teil richtet sich an den Sohn und enthält neben dem Lobpreis vor allem (wie beim Kyrie!) auch die Bitte um Erlösung: *„Herr Jesus Christus, eingeborener Sohn. Herr und Gott, Lamm Gottes, Sohn des Vaters. Du nimmst hinweg die Sünden der Welt: Erbarme Dich unser. Du nimmst hinweg die Sünden der Welt: Nimm unser Flehen gnädig auf. Du sitzest zur Rechten des Vaters: Erbarme Dich unser. Denn Du allein bist der Heilige. Du allein der Herr. Du allein der Höchste, Jesus Christus."*

• Seinen Ausklang findet das Gloria in einer Huldigung an die dritte göttliche Person: *„Mit dem Heiligen Geist, in der Herrlichkeit Gottes des Vaters."*

Theodor Schnitzler deutet sowohl das Kyrie als auch das Gloria vor dem Hintergrund des antiken Kaiserkultes als Huldigung an den himmlischen König: „*Wenn ein Kaiser als siegreicher Feldherr Triumphzug hielt, wurde seine Via triumphalis (= Triumphstraße) umsäumt von den Scharen des Volkes. Dann lösten einander ab die Chöre der Huldigenden. Immer neue Titel und Ehrennamen wurden dem Sieger zugerufen. Ein Echo dieser Triumphzüge hat sich im Gloria, wie im Kyrie, erhalten. Immer neue Jubelrufe, immer neue Ehrentitel erklingen. Sehen wir nur die Gruppen: Wir loben dich! Wir beten dich an! Wir verherrlichen dich! Wir sagen dir Dank! Beachten wir die Reihe der Titel, von denen jedes einzelne Wort ein neuer Ruf, ein neuer Chor ist: Herr! König! Himmlischer! Gott! Vater! Allmächtiger! Eingeborener Sohn! - Wenn wir den Text auf diese Weise lesen, spüren wir seinen österlichen Charakter. Wir erleben den Triumphzug des österlichen Triumphators, des Siegers von Golgotha, des Königs Christus.“ (Theodor Schnitzler, Die Messe in der Betrachtung, Bd. II, S. 19)*

Dominus vobiscum

Auch in dem unscheinbaren *Dominus vobiscum* entdecken wir ein wunderbares Zusammenspiel von Wort und Gestus.

Dieser Gruß hat schon im Alten Testament deutliche Bezüge zum Geheimnis der Menschwerdung.

Im Buch Ruth, welches die Vorgeschichte des Hauses David schildert, aus dem der Messias hervorgehen sollte, gebraucht ihn der Urgroßvater Davids: *„Boas aber kam soeben von Bethlehem her und sprach zu den Schnittern: ‚Der Herr sei mit euch!'" (Ruth 2, 4)* Der große adventliche Prophet Isaias (7, 14) kündigt Christus an als den ‚Gott mit uns': *„Dies alles ist geschehen, damit erfüllt würde, was gesagt ist vom Herrn durch den Propheten: ‚Siehe, die Jungfrau wird empfangen und einen Sohn gebären, und man wird ihn Emmanuel nennen', was übersetzt heißt: ‚Gott mit uns'." (Mt 1, 22 f.)* Und als der Engel Gabriel bei Maria eintrat, um ihr die Verwirklichung des Heilsratschlusses zu verkünden, sprach er: *„Sei gegrüßt, Begnadete, der Herr ist mit dir (Dominus tecum)!" (Lk 1, 28)*

Der hl. Apostel Paulus gebraucht diesen Gruß in seinem Brief an die Thessalonicher: *„Er aber, der Herr des Friedens, gebe euch den Frieden zu jeder Zeit und in jeder Weise! Der Herr sei mit euch allen!" (2 Thess 3, 16)*

Vor dem *Dominus vobiscum* beugt sich der Priester und küsst den Altar: *„Da nun der Priester als Mittler zwischen Himmel und Erde am Altar steht, begrüßt er mit dem Altarkuss zuerst die triumphierende Kirche, um derselben Liebe und Huldigung zu erweisen, und danach im ‚Dominus vobiscum' die streitende Kirche mit Worten, die Heil und Segen auf dieselbe herabrufen." (Gihr, S. 375)*

Zum Volk hin gewendet, breitet der Priester vor der Brust beide Hände aus. Dieser Gestus drückt das Anwünschen des göttlichen Gnadenbeistandes aus. Zugleich kann er als symbolische Umarmung gedeutet werden, ähnlich, wie wenn eine Mutter ihr Kind an sich zieht.

Oration

Die *Oration* gehört zu den wechselnden Teilen der heiligen Messe. In gehaltvoller Kürze schließt sie alles in sich, worum wir Gott vor allem bitten wollen.

Vor der Oration steht ein *Oremus* (= *Lasset uns beten*), das ursprünglich mit einem nachfolgenden *Flectamus genua (= Beuget die Knie*) verbunden war, dem ein kurzes stilles Gebet folgte. Bis heute hat sich das *Flectamus genua* bei einigen besonderen Gelegenheiten, wie beispielsweise in den Quatembermessen, bei den großen Fürbitten des Karfreitags oder in der Osternacht, gehalten. In den gewöhnlichen Messen bleibt von der einstigen Gebetspause nur eine ehrfürchtige Verneigung des Priesters zum Altarkreuz hin. *„Wenn diese Verneigung würdig und langsam gemacht wird, entsteht von selbst wieder eine Weile, die von stillem Gebet gefüllt werden kann." (Th. Schnitzler, Die Messe in der Betrachtung, Bd. II, S. 26)* Das Volk ist eingeladen, sich in diesem kurzen Verweilen mit dem Gebet des Priesters zu vereinen.

Orante

Während der Oration erhebt der Priester seine geöffneten Hände. Diese Gebetshaltung der *Orante* ist schon auf Darstellungen in frühchristlichen römischen Katakomben als Symbol für die Kirche bezeugt, und sie kennzeichnet den Priester als ihren offiziellen Beter.

Die *Orante* erinnert an Moses, der zum ägyptischen Pharao sprach: *„Sobald ich die Stadt verlasse, will ich meine Hände zum Herrn hin ausbreiten; dann hören die Donnerschläge auf, der Hagel wird nicht mehr fallen, damit du erkennst, dass dem Herrn die Erde gehört.“ (Ex 9, 29)* Später sehen wir Moses mit erhobenen Armen auf dem Berg in der Wüste beim Kampf gegen Amalek: *„Solange Moses nun seine Hände erhob, obsiegte Israel; sobald er aber seine Hände sinken ließ, waren die Amalekiter überlegen.“ (Ex 17, 11)*

Die Erhebung der Hände gilt als Ausdruck der Innigkeit des Flehens (‚händeringend‘), wie es beim Psalmisten heißt: *„Höre auf mein lautes Flehen, da ich zu Dir um Hilfe rufe, da ich meine Hände hebe zu Deinem Allerheiligsten im Tempel.“ (Ps 27, 2)* Die emporgerichteten Hände sagen Gott Lob: *„So will ich Dich rühmen mein Leben lang, in Deinem Namen die Hände erheben!“ (Ps 62, 5)* Sie zeigen die Richtung des Gebetes und werden im Psalmvers, den der Priester im feierlichen Hochamt bei der Beweihräucherung des Altares zur Opferung spricht, sogar ausdrücklich zum Opfergestus: *„Herr, lass mein Gebet wie Weih-*

rauch vor Dein Antlitz dringen. Wie ein Abendopfer sei vor Dir das Erheben meiner Hände." (Ps 140, 2)

Nach einer schönen Deutung des hl. Ambrosius nimmt der Priester in der *Orante* die *Haltung Christi* ein, der seine Hände vor dem Thron des Vaters in Kreuzesform erhebt, um ihm die Wundmale, den Preis unserer Erlösung, zu zeigen.

Lesungen

Schon für die Juden war es selbstverständlich, im Synagogengottesdienst aus der Heiligen Schrift zu lesen. Jesus selbst gibt uns dafür ein Beispiel: *„Er kam nach Nazareth, wo er aufgewachsen war, ging nach seiner Gewohnheit am Sabbat in die Synagoge und erhob sich, um vorzulesen. Man reichte ihm das Buch des Propheten Isaias." (Lk 4, 16 f.)* Von Anfang an wurde dieser Brauch auch in die christliche Liturgie übernommen.

Die beiden Schriftlesungen der Messe heißen *Lesung* (oder *Epistel,* von *epistola = Brief*) und *Evangelium* (von *eu-angelion = Heilsbotschaft*). Um ihren Sinn zu verstehen, muss man bedenken, dass auch sie - wie alles in der Liturgie - zuerst zum Lob und zur Verherrlichung Gottes dienen und in zweiter Linie auch zur Belehrung und Erbauung des Volkes. Freilich gehört beides untrennbar zusammen, doch wäre es zu kurz geschaut, wenn die Lesungen nur als Belehrung wahrgenommen würden.

• Primär haben die Lesungen den Charakter einer *Laudatio*, die rühmend die Großtaten Gottes verkündet. Der Verkünder muss nach traditionellem Verständnis mit einer amtlichen Vollmacht ausgestattet sein (*deputatio ad cultum divinum*), die ihn dazu befähigt, Gott im Namen der Kirche das *Opfer des Lobes* (*hostiam laudis; vgl. Hebr 13, 15)* darzubringen. DieseVollmacht wird stufenweise in den Weihen zum *Lektor*, *Subdiakon* und *Diakon* verliehen.

• Damit soll der zweite Aspekt weder geschmälert noch vernachlässigt werden. Die Worte der Schrift sind selbstverständlich bestens dazu geeignet, das Volk zu belehren, und es ist vor allem die Aufgabe der Predigt, sie zu erläutern und sie wie guten Samen in die Herzen der Gläubigen hineinzusenken.

Für einen Christen ist es nicht nur eine Pflicht, sondern es sollte ihm ein Bedürfnis sein, sich um eine solide Kenntnis der Heiligen Schrift zu bemühen, sagt doch der hl. Hieronymus: *„Unkenntnis der Schrift ist Unkenntnis Christi." (Is. prol.)* Im Brief an seinen Schüler Timotheus schreibt der hl. Apostel Paulus: *„Jede von Gott eingegebene Schrift ist auch dienlich zur Belehrung, zur Beweisführung, zur Zurechtweisung, zur Schulung in der Gerechtigkeit, damit ausgestattet sei der Mann Gottes, wohlgerüstet zu jedem guten Werk." (2 Tim 3, 16 f.)*

Heilige Othilia!

Heerscharen, haben meine Augen gesehen.' Da flog zu mir einer der Seraphim heran, in seiner Hand einen glühenden Stein, den er mit einer Zange vom Altar genommen hatte. Mit ihm berührte er meinen Mund und sprach: ,Siehe, dies hat deine Lippen berührt, gewichen ist deine Schuld, deine Sünde gesühnt.' Und ich hörte die Stimme des Herrn, der da sprach: ,Wen soll ich senden, wer wird für uns gehen?' Und ich erwiderte: ,Hier bin ich, sende mich!'" (Is 6, 4-8)

Evangelienseite

Während des *Munda cor* trägt der Ministrant das Messbuch hinüber und stellt es leicht schräg auf die andere Seite des Altares.

Die tiefere Symbolik des Seitenwechsels kommt aus den Himmelsrichtungen, denn wo der Altar nach *Osten* hin ausgerichtet ist, weist die *Evangelienseite* in Richtung *Norden*. Da im Norden aber niemals die Sonne steht, gilt er als Symbol der Finsternis.

Das nach Norden hin verkündete Evangelium hingegen ist ein Licht, das in die Finsternis hinein leuchtet (vgl. Joh 1, 5). Im Hochamt wird dies zusätzlich durch eine feierliche Evangeliumsprozession und die brennenden Kerzen der beiden Akolythen unterstrichen.

SS. PETRI ET PAULI

Evangelium

Den Beginn des Evangeliums bezeichnet der Priester im Messbuch mit einem Kreuzzeichen, und alle Anwesenden machen mit dem Daumen der rechten Hand ein kleines Kreuzlein auf *Stirn*, *Mund* und *Brust*. Das will sagen: Das Wort Gottes möge unser *Denken* formen, auf den *Lippen* wiederklingen und im *Herzen* treu bewahrt werden.

Das Stehen beim Evangelium ist Ausdruck wacher Bereitschaft. Wie der junge Samuel wollen wir sagen: *„Rede, Herr, Dein Diener hört!" (1 Sam 3, 9)* Der Christ drückt aus, *„dass er sich zusammengenommen hat. Er ist wach, aufmerksam, gespannt. Und er ist bereit. Denn wer steht, kann sofort auf und davon gehen; kann ungesäumt einen Auftrag ausführen; mit einer Arbeit beginnen, die ihm zugewiesen wird. Das ist die andere Seite der Ehrfurcht vor Gott. Im Knien war es die anbetende, in Sammlung verharrende; hier die wache, tätige. Solche Ehrfurcht hat der aufmerksame Gehilfe, der gerüstete Kämpfer. Sie offenbart sich im Stehen." (Romano Guardini, Von heiligen Zeichen, S. 19)*

Am Ende küsst der Priester im Messbuch den Beginn des Evangeliums und spricht: *„Durch die Worte des Evangeliums mögen getilgt werden unsere Sünden."* Darin kommt die Überzeugung zum Ausdruck, dass dem geoffenbarten Gotteswort eine exorzistische und sündentilgende Kraft innewohnt, denn wo das Licht leuchtet, vertreibt es die Finsternis. *„Lebendig*

ist das Wort Gottes, wirksam und schärfer als jedes zweischneidige Schwert; es dringt durch bis zur Trennung von Seele und Geist, von Gelenk und Mark und ist Richter über Gedanken und Regungen des Herzens." (Hebr 4, 12)

Selbst im Evangelium finden wir also den für den gesamten ersten Teil der Messe prägenden Gedanken der Reinigung im Hinblick auf die bald beginnende eigentliche Opferhandlung.

Credo

An Sonn- und Feiertagen folgt auf das *Evangelium* (bzw. auf die *Predigt*) das *Credo* (= *Glaubensbekenntnis).*

Während das *Apostolische Glaubensbekenntnis* mit seinen zwölf Glaubenssätzen seinen ihm eigenen liturgischen Platz im Ritus der Taufe hat, wird ab dem 6. Jahrhundert und allgemein seit dem frühen 11. Jahrhundert in der heiligen Messe das *Große* oder *Nicæno-Konstantinopolitanische Glaubensbekenntnis* gesprochen. Sein Name erinnert an die beiden Konzilien von Nicäa (325) und Konstantinopel (381), auf denen wichtige christologische Glaubensinhalte definiert wurden. In brillanter Kürze enthält es einen Grundriss der gesamten katholischen Glaubenslehre.

Zum Höhepunkt des Credo, zu den Worten *„Et incarnatus est ... - Er hat Fleisch angenommen durch den Heiligen Geist aus Maria, der Jungfrau, und ist Mensch geworden"*, beugt man anbetend die Knie.

9. Abschnitt

DIE OPFERUNG

Die Opfermesse besteht aus drei Teilen.

Teile der Opfermesse

1. Opferung
   2. Wandlung (oder *Messkanon*)
3. Kommunion

Bevor wir die Gebete und Vollzüge der Opferung einzeln betrachten, bemühen wir uns um die Übersicht und werfen wir einen Blick auf das Ganze.

Teile der Opferung

1. Oremus	
2. Offertoriumsvers	
3. Enthüllung des Kelches	
4. Opferung des Brotes	*Suscipe, sancte Pater*
5. Mischung	*Deus, qui humanæ substantiæ*
6. Opferung des Weines	*Offerimus tibi, Domine*
7. Selbstaufopferung	*In spiritu humilitatis*
8. Anrufung des Hl. Geistes	*Veni, sanctificator*
9. Altarinzens	
10. Händewaschung	*Lavabo inter innocentes*
11. Aufopferung	*Suscipe, sancta Trinitas*
12. Bitte an die Gläubigen	*Orate fratres / Suscipiat*
13. Secret	

Ursprünglich bestand die Opferung nur aus einem *Oremus* und einer dazugehörigen *Oration*. Zwischen diesen beiden wurde die Bereitung der Opfergaben in Stille vollzogen. Beide Elemente sind noch immer vorhanden, nämlich das *Oremus* am Anfang und die *Secret* am Ende. Sie bilden gleichsam den Rahmen für die ganze Opferung. Im Laufe der Zeit wurde die Opferbereitung mehr und mehr mit Gebeten ‚gefüllt', bis hin zu ihrer heutigen Gestalt, welche ganz unterschiedliche Elemente zu einer harmonischen Einheit verbindet.

Offertoriumsvers

Nach dem *Dominus vobiscum* mit *Oremus* rezitiert der Priester den *Offertoriumsvers*. Im feierlichen Amt ist dies ein Begleitgesang zur Opferung, ähnlich wie zu Beginn der heiligen Messe der *Introitus*.

Enthüllung des Kelches

Dann wird feierlich der Kelch enthüllt. Der Priester legt das gefaltete *Kelchvelum* seitlich auf den Altar, und die Ministranten geben nach deutschem Brauch ein Glockenzeichen, um die Aufmerksamkeit der Gläubigen auf die beginnende Opferhandlung zu lenken.

Opfergabe

Die zu bereitenden Opfergaben sind die materiellen Gaben von *Brot* und *Wein*. Sie werden durch die Hände des Priesters dargebracht, um in der heiligen Wandlung zum Opferleib und Opferblut Christi zu werden. Gleichzeitig aber stehen diese materiellen Gaben symbolisch für ein geistiges Opfer, welches nicht nur der Priester, sondern zugleich mit ihm auch die anwesenden Gläubigen kraft ihres in der Taufe erworbenen allgemeinen Priestertums darbringen.

Opferung des Brotes

Der Opfergestus der Erhebung der runden goldenen Patene mit der daraufliegenden Hostie wird von der Bitte begleitet, Gott möge die Opfergabe annehmen, ihm zur Ehre und uns zum Heil: *„Nimm an, heiliger Vater, allmächtiger ewiger Gott, diese makellose Opfergabe, die ich, Dein unwürdiger Diener, Dir, meinem lebendigen und wahren Gott, darbringe für meine unzähligen Sünden, Fehler und Nachlässigkeiten, für alle Umstehenden und auch für alle lebenden und verstorbenen Christgläubigen, damit sie mir und ihnen zum Heil gereiche, zum ewigen Leben."*

Das Oblationsgebet spricht von einer *immaculata hostia* (= *makellose Opfergabe*). Damit ist gesagt, dass ganz selbstverständlich jede Gabe zur Ehre Gottes nicht anders sein soll als makellos rein.

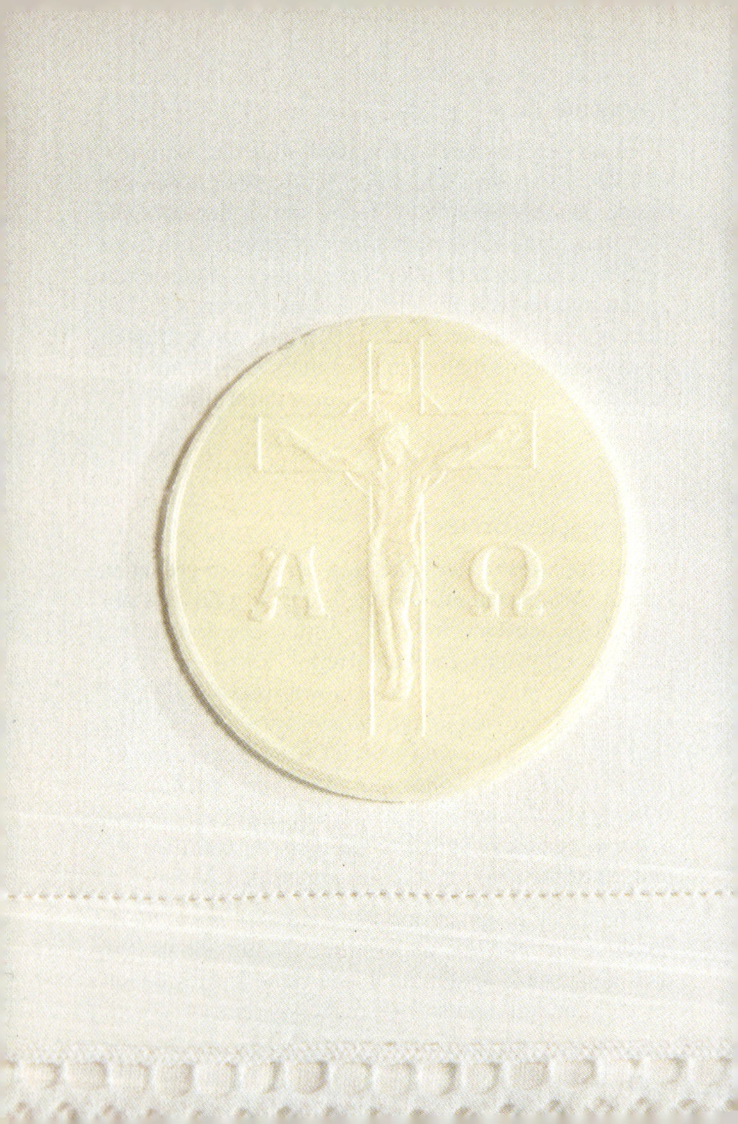
A Ω

• Das Wort *hostia* (= *Opfergabe*) meint zunächst die materiellen Opfergaben, nämlich die *Hostie aus Brot* und den *Kelch mit Wein*. Nach dem Wunsch der Kirche soll die Opfermaterie mit Sorgfalt hergestellt und makellos rein sein (*immaculata hostia*): reines Weizenbrot und reiner Traubenwein.

Ganz ähnlich war es schon bei den vorbildlichen Opfergaben im Alten Bund. Auch sie sollten *immaculata hostia* sein, denn so sprach Gott durch Moses zu den Israeliten: *„Nehmt einen Ziegenbock zum Sündopfer sowie ein Kalb und ein Lamm zum Brandopfer, beide einjährig und fehlerlos (sine macula)." (Lev 9, 3)* Vom Opfer des Erstlingswurfes heißt es: *„Hat er einen Makel (= maculam), sei es, dass er blind oder lahm oder sonst mit einem bösen Fehler behaftet ist, so opfere ihn dem Herrn, deinem Gott, nicht!" (Dt 15, 21)*

• Gleichzeitig weisen die Gaben über sich hinaus, denn insofern der Weizen *gedroschen* und der Wein *gekeltert* wurde, bedeuten sie Jesus, der gegeißelt wurde und sein Kostbares Blut für uns vergossen hat.

• Schließlich stehen Brot und Wein für die Grundbedürfnisse des Menschen und sind so Symbol für den Menschen selbst.

Während die Hostie auf der Patene geopfert wird, sollen auch die Gläubigen ihr Opfer darbringen, indem sie ihre persönliche Hingabe an Gott erneuern und gleichsam sich selbst geistigerweise mit auf die

Patene legen. Damit aber die *„Opfergabe unserer Gottergebenheit" (Secret vom 3. Adventssonntag)* zur Ehre Gottes *makellos* sei, stand die gesamte Vormesse unter dem Gedanken der Reinigung. Die vom Weihwassernehmen an der Kirchentür bis hin zum Evangelium immer wieder ausgedrückte Bitte um ein reines Herz zielte genau darauf hin, uns selbst für Gott als *immaculata hostia* zu bereiten.

In diesem Sinne betet der Psalmist: *„Ein reines Herz erschaffe mir, o Gott! Erneuere in mir den rechten Geist! ... Denn Schlachtopfer gefallen Dir nicht, und brächte ich Brandopfer dar, Du möchtest es nicht. Opfer für Gott ist ein zerknirschter Geist; ein zerknirschtes und zerschlagenes Herz wirst Du, o Gott, nicht verschmähen." (Ps 50, 12.18-19)*

Auch denken wir an die Worte des hl. Apostels Paulus: *„Ich ermahne euch ... um der Erbarmungen Gottes willen: Bringt eure Leiber dar als ein lebendiges, heiliges, Gott wohlgefälliges Opfer (hostiam viventem, sanctam, Deo placentem). ... Macht euch nicht die Art dieser Welt zu eigen, sondern wandelt euch um durch Erneuerung eures Denkens, um zu prüfen, was der Wille Gottes ist." (Röm 12, 1 f.)*

Mischung von Wein und Wasser

Bei der Bereitung des Kelches gibt der Priester einen Tropfen Wasser in den Wein und spricht dabei die Worte einer vormaligen Weihnachtsoration:

„Gott, der Du die Würde der menschlichen Natur wunderbar begründet und noch wunderbarer erneuert hast, lass uns durch das Geheimnis dieses Wassers und Weines an der Gottheit dessen teilhaben, der sich gewürdigt hat, unserer Menschennatur teilhaftig zu werden, Jesus Christus, Dein Sohn, unser Herr.“

• Dieser unscheinbare Ritus weist auf die Verbindung von göttlicher und menschlicher Natur in der Person des Gottmenschen Jesus Christus hin (*hypostatische Union*), wobei der Wein für die göttliche, das Wasser aber für die menschliche Natur steht.

• Zugleich geht es um das Geheimnis unserer eigenen Erlösung, denn wie der Tropfen Wasser in den Wein, so wird der Mensch in der Taufe gleichsam hineingetaucht in den dreifaltigen Gott. Durch die heiligmachende Gnade wird er mit göttlichem Leben erfüllt und *„teilhaft göttlicher Natur“ (2 Petr 1, 4).* Noch wunderbarer, als Gott den Menschen ursprünglich erschaffen hat, wird er im Werk der Erlösung erneuert.

Wieder begegnet uns der Gedanke der Selbstaufopferung, denn der kleine Wassertropfen fordert dazu auf, uns dem ganz zu schenken, der sich uns ganz geschenkt hat. Und wenn auch all unser armseliges menschliches Tun und Wirken zur Ehre Gottes im Verhältnis zum unendlich wertvollen Opfer Christi nicht mehr ist als ein Tropfen Wasser im Vergleich zum Ozean, so wird doch dieser glückliche Wassertropfen mit dem Opfer Christi vereint und deshalb dem himmlischen Vater höchst wohlgefällig.

Über den Mischungsritus sagt das Konzil von Trient: *„Endlich mahnt die heilige Kirchenversammlung, dass es kirchliche Vorschrift für die Priester ist, dem Wein, der im Kelch geopfert wird, Wasser beizumischen, sowohl deshalb, weil wohl auch Christus so getan hat, aber auch, weil aus seiner Seite zugleich mit dem Blut auch Wasser hervorgegangen ist. Dieses Geheimnisses wird durch die Vermischung gedacht. Und da in der Geheimen Offenbarung des heiligen Johannes die Völker Wasser genannt werden, so wird die Vereinigung des gläubigen Volkes mit Christus, dem Haupt, dargestellt." (22. Sitzung (1562), 7. Kapitel)*

Opferung des Kelches

Während der Priester den Kelch empor hält, spricht er: *„Wir bringen Dir, Herr, den Kelch des Heiles dar und flehen Deine Milde an, dass er zum Angesicht Deiner göttlichen Majestät für unser und der ganzen Welt Heil mit süßem Wohlgeruch emporsteige."*

In spiritu humilitatis

Die mit dem Opfer Christi verbundene Selbstopferung des christlichen Volkes, die in den bisherigen Riten bereits sinnbildlich dargestellt wurde, wird nun noch einmal ganz ausdrücklich in Worte gefasst. Dazu nimmt der Priester eine demütig verbeugte Haltung ein, während die Kirche ihm das *Gebet der drei Jünglinge im Feuerofen* in den Mund legt.

Weil diese jungen Helden sich geweigert hatten, das Götzenbild des Nebukadnezar in Babel anzubeten, ließ der König sie in einen glühenden Ofen werfen, doch mitten in der Feuersglut blieben sie unversehrt und priesen Gott. Weil sie aber nichts anderes zur Hand hatten, brachten sie sich selbst zum Opfer dar: *„Es ist in gegenwärtiger Zeit kein Fürst vorhanden, kein Prophet oder Lenker, kein Brand- und Schlachtopfer, kein Speiseopfer und Räucherwerk, kein Ort, um Erstlingsgaben zu spenden vor Dir und so Erbarmen zu finden. Doch mit zerknirschtem Herzen und demütigem Geist lass uns Aufnahme finden, als kämen wir mit Brandopfern von Widdern und Stieren und unzähligen fetten Lämmern! So komme unser Opfer heute vor Dich und möge Dich versöhnen!" (Dan 3, 38-40)* Genau so spricht der Priester: *„Im Geist der Demut und mit zerknirschtem Herzen mögen wir von Dir angenommen werden, Herr, und so geschehe heute unser Opfer vor Deinem Angesicht, dass es Dir wohlgefalle, Herr und Gott."*

Sehr schön drückt dies die Secret des Dreifaltigkeitssonntags aus: *„Heilige, so bitten wir, Herr, unser Gott, durch die Anrufung Deines heiligen Namens diese Opfergabe und vollende durch sie uns selbst zur ewigen Opfergabe für Dich."*

Veni, sanctificator

Zum *Veni, sanctificator* erhebt der Priester, genau wie später bei der Wandlung, in Nachahmung Jesu die Augen zum Himmel. Dann zeichnet er mit den

Händen die Form eines Kreises und segnet die Opfergaben. Wesentlicher Inhalt dieses Gebetes ist die in Wort und Gestus ausgedrückte Bitte um die Herabkunft des Heiligen Geistes: „*Komm, Heiligmacher, allmächtiger, ewiger Gott, und segne ✠ dieses Opfer, das Deinem heiligen Namen bereitet ist.*"

Ähnlich wie das Wunder der Menschwerdung Gottes wird auch die eucharistische Wesensverwandlung der Kraft des Heiligen Geistes zugeschrieben: „*Wie soll mir dies geschehen, spricht die heilige Jungfrau, da ich keinen Mann erkenne? Der Erzengel Gabriel antwortet: Der Heilige Geist wird über dich kommen und die Kraft des Allerhöchsten dich überschatten. Und nun fragst du, wie das Brot der Leib Christi werde und der mit Wasser gemischte Wein das Blut Christi? Und auch ich sage dir: Der Heilige Geist kommt darüber und wirkt, was über Sprache und Begriff hinausgeht.*" *(Johannes von Damaskus, De fide orthod. 1. 4, c. 13)*

Inzens

Im feierlichen Hochamt folgt an dieser Stelle die Beweihräucherung der Opfergaben und des Altares. Dieser Ritus fasst die gesamte Opferung noch einmal zusammen.

Das Gebet zur Segnung des Weihrauchs beruft sich auf die Fürsprache des hl. Erzengels Michael und erinnert an die vom hl. Apostel Johannes geschaute himmlische Liturgie: „*Ein anderer Engel kam und*

trat vor den Altar, eine goldene Rauchschale tragend, und viel Räucherwerk wurde ihm gegeben, dass er es darbringe unter dem Gebet aller Heiligen auf dem goldenen Altar vor dem Throne Gottes. Und der Rauch des Räucherwerkes stieg unter den Gebeten der Heiligen aus der Hand des Engels empor zu Gott." (Offb 8, 3 f.)

Nach der Segnung erhebt der Priester das Rauchfass zu genau festgelegten kreuz- und kreisförmigen Schwingungen über die Opfergaben. Einen ähnlichen Schwingritus gab es schon bei den Opfern des Alten Bundes: *„Dies alles lege Aaron und seinen Söhnen auf die Hände und lass sie es hin und her schwingen als Weihegabe vor dem Herrn. Sodann nimm ihnen alles wieder aus den Händen und lass es auf dem Altar als Ganzopfer in Rauch aufgehen zu einem lieblichen Wohlgeruch vor dem Herrn." (Ex 29, 24 f.)* Durch das Schwingen des Rauchfasses über Kelch und Hostie wird deren Aussonderung und Bestimmung zur Opfergabe ausgedrückt.

Danach zieht das Rauchfass ganz feierlich immer weitere Kreise, indem auch der zelebrierende Priester und das anwesende Volk inzensiert und so auf symbolträchtige Weise ins heilige Opfer mit hineingenommen werden.

Jeder einzelne Zug des Rauchfasses ist von Gebetsworten begleitet. Während der Priester die Opfergaben umkreist, spricht er: *„Dieser von Dir gesegnete Weihrauch steige empor zu Dir, o Herr, und es steige*

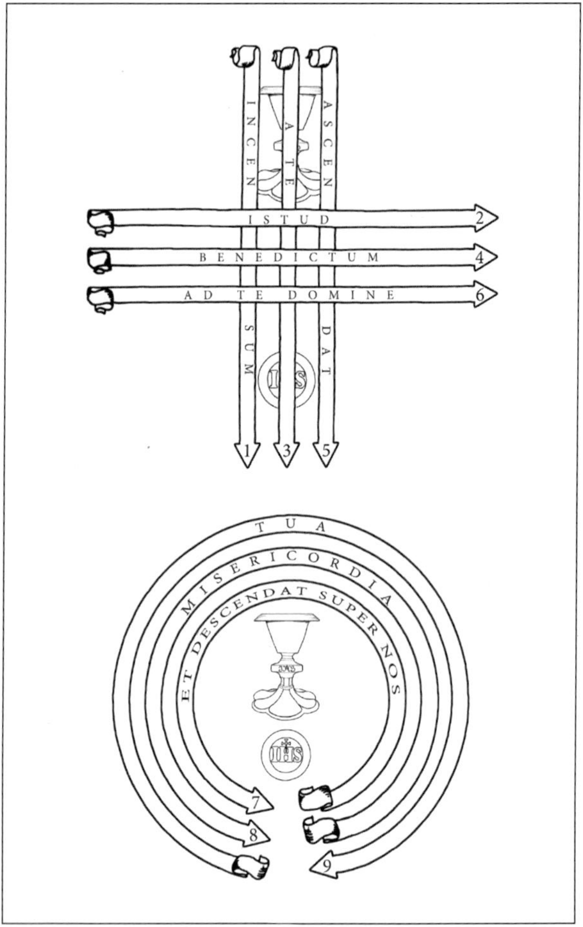

INCEN
A TE
ASCEN
ISTUD
2
BENEDICTUM
4
AD TE DOMINE
6
SUM
DAT
IHS
1
3
5
TUA
MISERICORDIA
ET DESCENDAT SUPER NOS
IHS
7
8
9

auf uns herab Deine Barmherzigkeit.“ Darin enthalten ist eine ganze Opfertheologie, denn in jeder Opferhandlung unterscheidet man eine *auf*steigende (*ana*batische) und eine *ab*steigende (*kata*batische) Linie. Wir bitten Gott, er möge zunächst das Opfer annehmen und dann zu unserem Heil uns seine Gnade schenken. Dies bringt sehr schön der Weihrauch zum Ausdruck, denn nachdem sich die Weihrauchwolken droben im Gewölbe der Kirche gesammelt haben, senken sie sich langsam wieder herab und werden so zum Zeichen der auf uns herabkommenden göttlichen Gnade.

Die *glühende Kohle* ist Symbol der Liebe zu Gott. Wie die Weihrauchkörner in ihrer Glut schmelzen, um dann als angenehmer Opferduft emporzusteigen, so werden auch unsere guten Werke, Opfer und Gebete erst durch die Liebe zu einer Gott wohlgefälligen Gabe: *„Wenn ich mit den Zungen der Menschen und der Engel rede, doch Liebe nicht habe, bin ich ein tönendes Metall oder eine klingende Schelle. Und wenn ich Prophetengabe besitze und um alle Geheimnisse weiß und alle Erkenntnis, und wenn ich allen Glauben habe, dass ich Berge versetze, doch Liebe nicht habe, so bin ich nichts. Und wenn ich all meine Habe austeile zur Speise für die Armen, und wenn ich meinen Leib hingebe zum Verbrennen, doch Liebe nicht habe, nützt es mir nichts.“ (1 Kor 13, 1-3)*

Während der Priester das Rauchfass wieder abgibt, spricht er: *„Es entzünde in uns der Herr das Feuer seiner Liebe und die Flamme ewiger Hingabe.“*

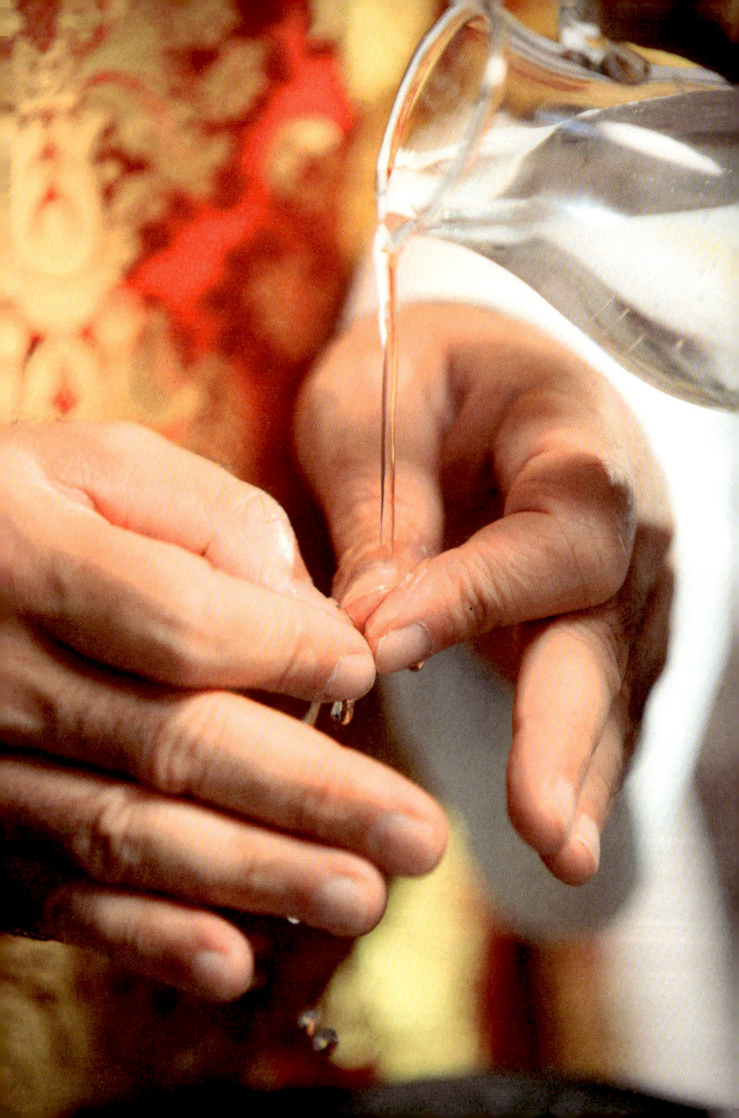

Lavabo

Beim *Lavabo* (= *Händewaschung*) reinigt der Priester gerade jene vier Fingerspitzen, mit denen er später den Leib des Herrn berühren wird. Dazu sagt der hl. Thomas von Aquin: *„Wir pflegen nicht etwas Kostbares anzurühren, außer mit gewaschenen Händen. Deshalb erscheint es ganz unschicklich, wenn zu solch einem hohen Sakrament jemand mit befleckten Händen hinzutritt." (S. th. III,83,5 ad 1)*

Der begleitende Psalm gleicht gewissermaßen einer Liebeserklärung: *„Unter Unschuldigen will ich meine Hände waschen und Deinen Altar umschreiten, Herr, um die Stimme des Lobes zu hören und all Deine Wunder zu erzählen. Ich liebe, Herr, die Schönheit Deines Hauses und den Wohnort Deiner Herrlichkeit!" (Ps 25, 6-8)*

Suscipe, sancta Trinitas

Nach dem *Lavabo* erhebt der Priester die Augen zum Kreuz, senkt sie wieder, legt in leicht verbeugter Haltung die Hände auf den Altar und spricht das Aufopferungsgebet *Suscipe, sancta Trinitas*: *„Nimm an, heilige Dreifaltigkeit, diese Opfergabe, die wir Dir darbringen zum Gedächtnis des Leidens, der Auferstehung und der Himmelfahrt unseres Herrn Jesus Christus und zu Ehren der seligen immerwährenden Jungfrau Maria, des heiligen Johannes des Täufers, der heiligen Apostel Petrus und Paulus sowie dieser*

(d. h. deren Reliquien im Altar ruhen) *und aller Heiligen, damit sie ihnen zur Ehre, uns aber zum Heil gereiche und jene im Himmel unsere Fürsprecher seien, deren Gedächtnis wir auf Erden begehen.“*

Orate, fratres / Suscipiat

Mit den Worten *„Betet, Brüder, dass mein und euer Opfer wohlgefällig werde bei Gott, dem allmächtigen Vater“* wendet sich der Priester noch einmal zum Volk, bevor er endgültig das Innerste des Heiligtums betritt, um - wie Moses - ganz mit Gott allein zu sein.

Einerseits wird durch die Worte *„mein und euer Opfer“* deutlich gesagt, dass die tätige Teilnahme der Gläubigen in einem wirklichen geistigen Mitopfern besteht und dass Priester und Volk am Altar in heiliger Opfergemeinschaft verbunden sind. Andererseits wird aus der Antwort des Volkes deutlich, dass es keinerlei Vermischung geben darf und dass der wesentliche eucharistische Opferakt allein durch die Hände des zelebrierenden Priesters geschieht: *„Der Herr nehme das Opfer an aus deinen Händen zum Lob und Ruhme seines Namens, zum Segen für uns und seine ganze heilige Kirche.“*

Secret

Ihren endgültigen Abschluss findet die Opferung in der *Secret*, durch die sich der Bogen vom anfänglichen *Oremus* wieder schließt. Ihren Namen trägt sie, weil

sie still (*secrete*) gesprochen wird und zugleich die Aussonderung (*segregatio*) der Opfergaben besiegelt.

Gewöhnlich wird in ihren wechselnden Texten ganz besonders der Opfergedanke betont, wie beispielsweise am Pfingstmontag: *„Herr, wir bitten Dich, heilige gnädig diese Gaben, und nachdem Du sie als geistiges Opfer angenommen hast, vollende auch uns zu einer ewigen Opfergabe für Dich."*

10. Abschnitt

DIE HEILIGE WANDLUNG

Die heilige Wandlung wird im Rahmen jenes Gebetes vollzogen, das wir den *Messkanon* nennen. Dieser *Canon Missæ* ist sehr viel mehr als einfach nur ein altehrwürdiger Text. Er ist lebendiger Bestandteil jenes heiligen Tuns, in dem Christus selbst durch den Dienst der Kirche sein Opfer in die Zeit hinein verlängert und es zum Aufbau seines mystischen Leibes in unblutiger Weise auf dem Altar gegenwärtigsetzt.

Über den Kanon sagt das Konzil von Trient: *„Das Heilige muss heilig verwaltet werden. Da es nun nichts Heiligeres gibt als dieses Opfer, so hat die katholische Kirche, um würdig und ehrfurchtsvoll zu opfern und zu empfangen, seit vielen Jahrhunderten den heiligen Kanon eingeführt. Er ist frei von jedem Irrtum und enthält nichts, was nicht ganz und gar Heiligkeit und Frömmigkeit atmet und die Herzen der Opfernden zu Gott emporrichtet." (22. Sitzung (1562), 4. Kapitel)*

Aufbau des Kanon

Ähnlich wie bei der Opferung, werfen wir auch beim Kanon zunächst einen Blick auf das Ganze. Dabei ist zu bemerken, dass die Struktur des Kanon in wunderbarer Ordnung den Gesetzen der Ästhetik entspricht. Die jeweils acht ‚Strophen' vor und nach der heiligen Wandlung gleichen den Säulen einer antiken

Basilika, die in klarer Symmetrie einander gegenüber stehen, und wie in der Apsis der Basilika der Altar, so stehen genau im Zentrum des Kanon die beiden ‚Strophen' der Wandlung.

Struktur des Messkanon	
9 Qui pridie Konsekration des Brotes	10 Simili modo Konsekration des Weines
8 Quam oblationem Epiklese [Wandlungsbitte]	11 Unde et memores Anamnese [Heilsgedächtnis]
7 Hanc igitur Bitte um Annahme des Opfers	12 Supra quæ Bitte um Annahme des Opfers
6 Communicantes triumphierende Kirche	13 Supplices himmlische Kirche
5 Memento Gedächtnis der streitenden Kirche	14 Memento Gedächtnis der leidenden Kirche
4 In primis Bitte für die hierarchische Weltkirche	15 Nobis quoque Bitte für den zelebrierenden Klerus
3 Te igitur Mittlerschaft Christi	16 Per quem Mittlerschaft Christi
2 Sanctus Gotteslob	17 Per ipsum Gotteslob
1 Präfation zum Vater	18 Pater noster zum Vater
Präludium: Secret	Postludium: Embolismus

Sursum corda

Nach der *Secret*, durch die zugleich die Opferung abgeschlossen und zum Kanon übergeleitet wird, steht ein feierlicher Wechselgruß zwischen Priester und Volk. Er beginnt mit dem *Sursum corda*: *„Empor die Herzen!“* Dazu erhebt der Priester die Hände, *„um durch diese Gebärde den inneren Aufschwung des Gemütes und das Verlangen nach völliger Hingabe an den Herrn kundzumachen und zu verstärken. In dieser Bewegung der Hände spricht sich nämlich die Sehnsucht nach dem aus, was erhaben ist über uns, d. h. nach dem Himmlischen und Ewigen.“ (Gihr, S. 519)*

Nach der klassischen Definition des hl. Johannes von Damaskus ist jedes Gebet *Erhebung der Seele zu Gott* (*ascensio mentis in Deum*). Solch ein innerer Aufstieg ist zu Beginn des Kanon besonders nötig, denn nur betend kann man sich dem Heiligen wirklich nahen.

Wir denken auch an das Wort des hl. Apostels Paulus, das uns aus der Epistel der Osternacht vertraut ist: *„Wenn ihr mit Christus auferstanden seid, dann suchet, was droben ist (quæ sursum sunt quærite), wo Christus ist, sitzend zur Rechten Gottes. Was droben ist, habt im Sinn (quæ sursum sunt sapite), nicht was auf Erden.“ (Kol 3, 1 f.)*

Die Antwort des Volkes *„Habemus ad Dominum - Wir haben sie beim Herrn* (wörtlich: *zum Herrn hin*)*“* drückt eine klare Richtung aus. Das soll keine Floskel sein, sondern Wirklichkeit: *„Keiner sei derart anwesend, dass er zwar mit dem Munde sage: ‚Wir haben das Herz zum Herrn erhoben', in seinen Gedanken aber den Geist bei den Sorgen dieses Lebens habe. An Gott muss man zwar allzeit denken; wenn aber dies wegen der menschlichen Schwachheit unmöglich ist, so muss man es sich doch ganz besonders bei der Opferfeier eifrig angelegen sein lassen." (Hl. Cyrill von Jerusalem)*

Gratias agamus

Es folgt die Aufforderung: *„Gratias agamus Domino, Deo nostro. - Lasset uns danken dem Herrn, unserem Gott."* Dazu vereint der Priester beide Hände, erhebt kurz die Augen und macht eine tiefe Verneigung.

Die Antwort des Volkes lautet: *„Dignum et justum est. - Das ist würdig und recht."*

Die Präfation

Daran knüpfen sich die ersten Worte der Präfation: *„Vere dignum et justum est ... - In Wahrheit ist es würdig und recht, geziemend und heilsam, dass wir Dir immer und überall danken, Herr, heiliger Vater, allmächtiger, ewiger Gott, durch Christus, unseren Herrn."*

Das Wort danken ist verwandt mit denken und gedenken, und genau das tut die Präfation: Sie ist dankerfülltes Gedenken der Großtaten Gottes.

„Die Heilige Schrift berichtet, dass Jesus Christus seinem himmlischen Vater gedankt habe, bevor er Brot und Wein konsekrierte. ... Wer sollte nicht auf den ersten Blick erkennen, dass die Kirche auch hierin dem Beispiel ihres göttlichen Herrn und Meisters folgt, indem sie dem Wandlungsakt in der Präfation einen unvergleichlich erhabenen Dank- und Preisgesang vorangehen lässt?" (Gihr, S. 516)

Die Danksagung ist dem heiligen Messopfer so wesentlich, dass das griechische Wort *eucharistia* (= *Danksagung*) zur gebräuchlichen Bezeichnung für die heilige Messe selbst wurde.

Gegen Ende der Präfation vereint die Kirche ihren Lobgesang mit jenem der Engel und leitet so zum *Sanctus* über: *„Darum singen wir mit den Engeln und Erzengeln, mit den Thronen und Herrschaften und mit all den Scharen des himmlischen Heeres den Lobgesang Deiner Herrlichkeit und rufen ohne Ende: Heilig, heilig, heilig ..."*

Das Sanctus

Zum Ausdruck tiefer Ehrfurcht spricht der Priester das *Sanctus* in verbeugter Haltung. Es besteht in zwei Teilen aus Worten der Heiligen Schrift, die genau den beiden grundlegendsten Geheimnissen des christlichen Glaubens entsprechen: *„Die erste Hälfte enthält die Verherrlichung der heiligsten Dreifaltigkeit durch die Engel des Himmels; die zweite Hälfte besteht aus der Begrüßung des Heilandes durch den Mund der Gläubigen auf Erden." (Gihr, S. 528)*

• Der erste Teil des *Sanctus* ist der Berufungsvision des Propheten Isaias entnommen: *„Im Todesjahr des Königs Ussia sah ich den Herrn. Er saß auf einem hohen und erhabenen Throne, seines Gewandes Schleppen füllten den Tempel. Über ihm schwebten Seraphim; sechs Flügel hatte ein jeder; mit zweien verhüllte er sein Angesicht, mit zweien bedeckte er seine Füße und mit zweien flog er. Einer rief dem andern zu und sprach: ‚Heilig, heilig, heilig ist der Herr der Heerscharen, die Fülle der ganzen Erde ist seine Herrlichkeit.' Vor der Stimme des Rufenden erbebten die Pfosten der Türschwellen, und der Tempelraum füllte sich mit Rauch." (Is 6, 1-4)* Die dreimalige Wiederholung des *Heilig* enthält einen Hinweis auf die drei göttlichen Personen und gilt deshalb als indirekte alttestamentliche Offenbarung der Dreipersönlichkeit Gottes.

• Der zweite Teil steht im Kontext des feierlichen Einzugs Jesu in Jerusalem am Palmsonntag: *„Die Scharen, die vorausgingen und nachfolgten, riefen: ‚Hosanna dem Sohne Davids! Gepriesen sei, der da kommt im Namen des Herrn! Hosanna in der Höhe!'" (Mt 21, 9)*

In diesem Zusammenhang denken wir daran, wie einst viele, die eben noch *„Hosanna!"* gerufen hatten, kaum fünf Tage später schrien: *„Hinweg! Hinweg! Kreuzige ihn!" (Joh 19, 15)* Damit unser *„Hosanna!"* jedoch echt sei und für uns nicht das Wort Jesu gelte *„Dieses Volk ehrt mich mit den Lippen, ihr Herz aber ist fern von mir" (Mt 15, 8)*, beten wir mit der Oration zur Weihe der Zweige am Palmsonntag: *„Gib, dass Dein Volk, was es ... zu Deiner Ehre äußerlich tut, auch geistig mit höchster Hingabe vollziehe."*

Das lateinische Wort *venit* ist offen für eine zweifache Deutung, denn es kann sowohl Vergangenheit als auch Gegenwart sein. Es heißt *„Hochgelobt sei, der gekommen ist ..."* (nämlich *damals* bei der Menschwerdung) und zugleich auch *„Hochgelobt sei, der da kommt ..."* (nämlich *jetzt* auf den Altar).

Die Kanonstille

Nach dem *Sanctus* beginnt der *Kanon* in heiliger Stille.

• Die *Kanonstille* gleicht einem Schleier, der das Heilige schützend umhüllt. Auch sie drückt Ehrfurcht und Demut aus, denn vor dem, was nun geschieht, muss jedes menschliche Wort verstummen. Mehrfach spricht die Heilige Schrift von einem ‚Schweigen vor Gott'. So sagt der Prophet Habakuk: *„Der Herr thront in seinem heiligen Tempel; es schweige vor ihm alle Welt!" (Hab 2, 20)* Und Sophonias: *„Silete a* *facie Domini Dei ... - Still vor dem Angesicht Gottes, des Herrn! Denn nahe ist der Tag des Herrn." (Soph 1, 7; vgl. auch Zach 2, 17)* Oder der Psalm: *„Quiesce in Domino et exspecta eum. - Sei still vor dem Herrn und warte auf ihn!" (Ps 36, 7)*

• Ein Blick in die Heilsgeschichte zeigt, dass Gott große Dinge gerne im Verborgenen tut. In einer der erhabensten Gotteserscheinungen des Alten Bundes offenbart er sich dem Elias in einem leisen, zarten Säuseln: *„Der Herr befahl: ‚Tritt hinaus und stelle dich auf dem Berg vor den Herrn hin!' Siehe, da zog der Herr vorüber: Ein starker mächtiger Sturm, der die Berge zerriss und die Felsen zerbrach, ging vor dem Herrn einher, doch im Sturm war der Herr nicht. Nach dem Sturm kam ein Erdbeben, doch der Herr war nicht im Erdbeben. Nach dem Erdbeben kam ein Feuer, doch auch im Feuer war der Herr nicht. Nach dem Feuer kam ein leises, zartes Säuseln. Elias vernahm es, hüllte sein Gesicht in seinen Mantel, trat hinaus und stellte sich an den Eingang der Höhle." (1 Kön 19, 11-13)* Im Neuen Bund vollzogen sich gerade die Heilsmysterien der *Menschwerdung*, der *Geburt* und der *Auferstehung* Jesu in tiefem Schweigen: *„Während tiefes Schweigen alles umfing und die Nacht in ihrem Lauf die Mitte ihrer Bahn erreicht hatte, kam Dein allmächtiges Wort, o Herr, vom Himmel, vom königlichen Thron her." (Introitus vom Sonntag in der Oktav von Weihnachten; vgl. Weish 18, 14 f.)* Deshalb erscheint es als höchst angemessen, auch die kultische Vergegenwärtigung eben dieser Mysterien in Schweigen zu hüllen. *„Die heilige Stille ist ... geeignet, die Verborgenheit und Tiefe, die Unbegreiflichkeit und Unaussprechlichkeit der wundervollen Geheimnisse, welche auf dem Altar sich vollziehen, anzudeuten und in Erinnerung zu bringen." (Gihr, S. 548)*

• Durch den stillen Vollzug des Kanons wird der eigentliche eucharistische Konsekrations- und Opferakt als ausschließlich priesterliche Handlung gekennzeichnet, denn nicht anders als durch den geweihten Priester vollzieht Christus die sakramentale Gegenwärtigsetzung des Kreuzesopfers. Auch ist darin ein deutlicher Bezug zum Alten Bund: *„Der Priester betritt nun allein das Heiligtum des Kanons. ... Gleich dem Hohenpriester des Alten Bundes, der einmal im Jahr mit dem Blut der Opfertiere allein das Allerheiligste betreten durfte (Hebr 9, 7), löst sich der Zelebrant nun vom Volk und tritt vor den heiligen Gott hin, um ihm das Opfer darzubringen." (Jungmann, Missarum solemnia, Bd. II, S. 169)*

• Die Gläubigen lädt die Kanonstille zu Einkehr und innerem Mitvollzug ein, denn kraft ihres in der Taufe erworbenen allgemeinen Priestertums sind sie befähigt, sich auf ihre Weise als Mitopfernde mit dem Priester am Altar zu vereinen.

Die Kreuzzeichen im Kanon

Obwohl der römische Kanon weitgehend in Stille vollzogen wird, wirkt er durch seine zahlreichen begleitenden Gesten doch sehr lebendig. Besonders bedeutsam sind dabei die Kreuzzeichen, denen allein schon aufgrund ihres hohen Alters Hochachtung gebührt. In der Form, wie der Kanon des klassischen Römischen Ritus sie bis heute bewahrt, sind sie seit weit mehr als 1000 Jahren bezeugt. Schon in einem Brief vom 4. November 751 an den hl. Bonifatius listet Papst Zacharias (741-752) auf dessen Bitte hin alle Stellen auf, an denen im Kanon ein Kreuzzeichen zu machen ist.

Der Ursprung dieser Kreuzzeichen liegt in einem Grundsatz antiker Rhetorik begründet. Damit nämlich die ‚gepflegte Rede' lebendig wirkt, müssen *Wort* und *Gestus* übereinstimmen. Deshalb wird der ‚Redner', sobald er auf einen anwesenden Gegenstand zu sprechen kommt, zugleich durch einen Gestus auf ihn hinweisen. Und je näher der Gegenstand ist, desto zwingender wird dieser Hinweis.

Auf dem Altar aber sind die Opfergaben wirklich gegenwärtig. Deshalb weist der Priester, sooft er sie nennt, durch einen Gestus auf sie hin, wie dies beispielsweise in der ersten Kanonstrophe nach der heiligen Wandlung geschieht: *„Indem wir nun das Gedächtnis vollziehen, Herr, wir, Deine Diener, aber auch Dein heiliges Volk, des so seligen Leidens, der Auferstehung von den Toten und der glorreichen*

sancta catholica
pacificáre, custodíre,
unáre et régere
toto orbe terrárum
cum fámulo tuo Papa
stro N. et Antístite
N. et ómnibus orthodóxis

Himmelfahrt Deines Sohnes, unseres Herrn Jesus Christus, bringen wir Deiner erhabenen Majestät von Deinen Geschenken und Gaben ein reines ✠ Opfer, ein heiliges ✠ Opfer, ein makelloses ✠ Opfer dar, das heilige ✠ Brot des ewigen Lebens und den ✠ Kelch des immerwährenden Heiles.“ - Genau so muss man die Kreuzzeichen im Kanon verstehen: nämlich als in Kreuzesform stilisierte Hinweisgesten.

Selbstverständlich ist in dieser Deutung der Sinn der Kreuzzeichen nicht erschöpft. Auch der Charakter eines Segens ist dabei keineswegs ausgeschlossen.

Te igitur

Schon der allererste Buchstabe des *Te igitur* ist bedeutungsvoll, denn seit altchristlicher Zeit hat man aufgrund seiner Form im *T* (griechisch *Tau*, hebräisch *Taw*) ein *Symbol des Kreuzes* gesehen. Deshalb hatte auch der hl. Franz von Assisi eine besondere Vorliebe für das *T*. Da es im Mittelalter üblich war, die ersten Buchstaben (= *Initialen*) wichtiger Texte besonders kunstvoll zu gestalten, lag es den Buchmalern nahe, aus diesem *T* ein wirkliches Kreuz zu machen. Im Laufe der Zeit hat dieses sich verselbständigt, weshalb man gewöhnlich im Altarmessbuch vor dem *Te igitur* eine ganze Seite mit einer prachtvollen Kreuzesdarstellung findet.

Während sonst bei Orationen die Berufung auf die Mittlerschaft Jesu am Ende steht (z. B. in der Schlussformel *„Per Dominum nostrum Jesum Christum filium tuum ...“*), steht sie im *Te igitur* ganz betont am Anfang: *„Dich also, mildreichster Vater, bitten wir demütig und flehen zu Dir durch Jesus Christus, Deinen Sohn, unseren Herrn.“*

Die Worte *„supplices rogamus ac petimus - demütig bitten und flehen wir“* werden dargestellt, indem der Priester die Hände hoch erhebt, sie dann vereint, wieder senkt und schließlich tief verbeugt auf den Altar legt. Darin ist zugleich tiefe Demut und kindliches Vertrauen auf den himmlischen Vater ausgedrückt, der als *„Pater clementissimus“* (von *clemens = sanftmütig, mildreich*) angeredet wird.

Nun küsst er den Altar, zeichnet drei Kreuzzeichen über die Opfergaben und bittet Gott, er möge sie *„annehmen und segnen“*.

In primis

Die zweite Strophe beginnt mit den Worten: *„Vor allem (= in primis) bringen wir sie Dir dar für Deine heilige katholische Kirche.“*

Für die Kirche erbitten wir eine vierfache Gnade:

1. Gott möge ihr den Frieden schenken (*pacificare*).
2. Er möge sie schützen und beschirmen (*custodire*).
3. Er möge sie innerlich einen (*adunare*).
4. Er möge sie regieren und leiten (*regere*).

Dieses Opfer wird aber nicht nur *für* die Kirche, sondern immer auch *in ihrem Namen* dargebracht. Deshalb muss der Priester in Einheit stehen (*una cum*) mit dem Papst als sichtbarem Oberhaupt der Kirche, dem Ortsbischof und mit *„allen rechtgläubigen Förderern des katholischen und apostolischen Glaubens"*, denn: *„Ubi Petrus, ibi Ecclesia ... - Wo Petrus ist, da ist die Kirche. Wo die Kirche ist, da ist kein Tod, sondern ewiges Leben." (hl. Ambrosius, Enarr. in Ps. 40)*

Memento für die Lebenden

Zu Beginn des *Memento* steht die Einfügung *„N et N"*. Diese geht auf die sogenannten *Diptychen* zurück. Ein Diptychon war ein Gedenktäfelchen, auf dem die Namen derer, für die das heilige Opfer dargebracht werden sollte, zur ausdrücklichen Erwähnung verzeichnet waren. Noch heute verweilt der Priester an dieser Stelle einige Augenblicke in Stille, um für alle zu beten, die ihm anvertraut sind und die sich seinem Gebet anempfohlen haben. Insbesondere gedenkt er der Intention dessen, der diese heilige Messe in besonderen Anliegen bestellt hat, sowie aller Anwesenden, *„deren Glauben und Hingabe Du kennst"*, denn von der Größe ihres Glaubens und ihrer Opfergesinnung hängt es ab, wie reiche Früchte sie aus der Teilnahme am heiligen Messopfer gewinnen.

Die anwesenden Gläubigen (*circumstantes*) werden als solche bezeichnet, für die geopfert wird (*pro qui-*

bus tibi offerimus) und die auch selbst mitopfern (*qui tibi offerunt*), und zwar dieses Opfer des Lobes *„für sich und für all die Ihrigen, für die Rettung ihrer Seelen, für die Hoffnung auf Heil und Wohlfahrt"*.

Vom *„Opfer des Lobes"* lesen wir im Alten Testament: *„Wir können nur noch preisen, aber nicht ergründen, und größer ist er noch als alle seine Werke. Ehrwürdig ist der Herr gar sehr, gar sehr, und wunderbar sind seine Machterweise. Die ihr den Herrn lobpreist, erhebt die Stimme, so laut ihr könnt, denn es wird nie genügen! Wenn ihr erhebt die Stimme, schöpfet neue Kraft, ermüdet nicht, denn ihr kommt nie ans Ende! Wer sah ihn je und kann davon erzählen, und wer kann ihn so preisen, wie er ist?" (Sir 43, 28-31)* Hier auf dem Altar wird Gott wirklich ein seiner Größe entsprechendes würdiges Lobopfer dargebracht, denn es ist das Opfer des eingeborenen Gottessohnes, mit welchem die Kirche ihr Lob vereint.

Die Bitte um *„Heil und Wohlfahrt"* erinnert an die alttestamentliche Heilsnot und Sehnsucht nach dem Erlöser. So sagt der Psalmist: *„Es kann kein Mensch sich selber erlösen, noch Lösegeld für sich zahlen an Gott! Zu hoch ist der Preis für sein Leben." (Ps 48, 8 f.)* Was kein Mensch vermag, das kann doch Gott, denn Christus selbst wurde zum Kaufpreis unseres Heiles: *„Du wurdest geschlachtet und hast uns erkauft mit Deinem Blut für Gott, aus jedem Stamm und jeder Sprache, aus jedem Volk und jeder Nation." (Offb 5, 9)*

Weil aber das Heil den ganzen Menschen mit Seele und Leib betrifft, werden beide Aspekte auch ausdrücklich erwähnt: *Salus* meint das Heil der *Seele*, *incolumitas* (von *incolumis = unversehrt, wohlbehalten*) das Heil des *Leibes*.

Das *Memento* klingt aus in den Worten: *„Dir, dem ewigen, lebendigen und wahren Gott, erfüllen sie ihre Gelübde (reddunt vota sua)"*. Dabei denken wir an den Psalmvers: *„Bringe Gott als Opfer Lob dar und erfülle dem Allerhöchsten deine Gelübde (redde Altissimo vota tua)!" (Ps 49, 14)* Das Wort *votum* bezeichnet ein Gelübde, eine gelobte Gabe oder auch einfach einen inneren Akt der Gottesverehrung. *Reddere* bedeutet wörtlich: *zurückgeben*. Das erinnert daran, dass wir Leib und Leben und alles Gott verdanken: *„Was hast du, und hättest es nicht empfangen?" (1 Kor 4, 7)* Was immer wir ihm geben, ist doch stets ein Zurückgeben, denn alles gehört ihm.

Communicantes

Das *Communicantes* beruft sich auf die Gemeinschaft mit der triumphierenden Kirche im Himmel.

In der Apokalypse sieht der hl. Apostel Johannes den himmlischen Thron umgeben von 24 Ältesten: *„Im Umkreis des Thrones waren vierundzwanzig Throne, und auf den Thronen saßen vierundzwanzig Älteste, angetan mit weißen Kleidern, und auf ihren Häuptern goldene Kränze." (Offb 4, 4)* Dieselbe Zahl von Heiligen begegnet uns auch hier, denn wie in einer feierlichen Prozession stehen sich - angeführt von der *„glorreichen immerwährenden Jungfrau Maria, der Mutter unseres Gottes und Herrn Jesus Christus"* und ihrem Bräutigam, dem hl. Joseph - genau 24 Heilige, je 12 Apostel und 12 frühchristliche Martyrer, gegenüber.

Im Blick auf die nahende Wandlung denken wir an die adventliche Antiphon: *„Ecce Dominus veniet ... - Siehe, der Herr wird kommen und all seine Heiligen mit ihm ..." (1. Adventssonntag)*

Maria & Joseph	
Petrus	Linus
Paulus	Cletus
Andreas	Clemens
Jakobus [der Ältere]	Xystus
Johannes	Cornelius
Thomas	Cyprianus
Jakobus [der Jüngere]	Laurentius
Philippus	Chrysogonus
Bartholomäus	Johannes
Matthäus	Paulus
Simon	Kosmas
[Judas] Thaddäus	Damian

Nach katholischer Überzeugung wird Christus durch die Heiligen keineswegs verdeckt. Vielmehr offenbaren gerade sie in ihren heroischen Tugenden die Kraft seiner Gnade. Und wenn wir auch von einigen dieser Heiligen historisch nur sehr wenig wissen, so gehören sie doch alle zum apostolischen Urgestein, auf dem die Kirche errichtet ist.

Nach dem Bekenntnis des hl. Apostels Petrus bei Cäsarea Philippi sprach Jesus zu ihm: *„Du bist Petrus, und auf diesen Felsen will ich meine Kirche bauen, und die Pforten der Hölle werden sie nicht überwältigen." (Mt 16, 18)* Sehr schön sagt dazu der hl. Papst Leo der Große: *„Wie immerdar bleibt, was Petrus von Christus geglaubt, so bleibt auch immerdar, was Christus in Petrus eingesetzt hat." (2. Rede am Jahrestag der Konsekration)*

Im Credo bekennen wir den Glauben an die *apostolische* Kirche, denn sie ist *„auf dem Fundament der Apostel" (Eph 2, 20)* erbaut, in ihr lebt das apostolische Amt, und sie bewahrt unverfälscht und rein den apostolischen Glauben.

An dieses Fundament erinnert indirekt auch die abschließende Bitte: *„Auf ihre Verdienste und Fürsprache hin gewähre, dass wir in allem durch die Hilfe Deines Schutzes gesichert seien (muniamur)."* Das Wort *muniamur* ist abgeleitet von *mœnia* (= *Mauer*). Von der heiligen Stadt, dem himmlischen Jerusalem, heißt es aber: *„Sie hat eine mächtige, hohe Mauer mit zwölf Toren, und auf den Toren zwölf Engel und*

Namen darauf geschrieben. ... Die Mauer der Stadt hat zwölf Grundsteine, und auf ihnen die zwölf Namen der zwölf Apostel des Lammes." (Offb 21, 12-14)

Hanc igitur

Das *Hanc igitur* wird durch ein Glockenzeichen angekündigt. Es enthält die letzte Bitte um Annahme des Opfers, unmittelbar vor dem eigentlichen Höhepunkt: *„Dieses Opfer unseres Dienstes und Deiner ganzen Familie nimm denn, so bitten wir, Herr, gnädig an."* Dargebracht wird es zu unserem zeitlichen und ewigen Heil: *„Ordne unsere Tage in Deinem Frieden und gebiete, dass wir* (der Gefahr) *der ewigen Verdammnis entrissen und der Schar Deiner Auserwählten zugezählt werden."*

Dazu breitet der Priester seine Hände über die Opfergaben aus, wie schon Aaron und seine Söhne es bei den vorbildlichen Opfern des Alten Bundes taten, denn so sprach Gott zu Moses: *„Hole dann den einen Widder; Aaron und seine Söhne sollen ihre Hände auf den Kopf des Widders legen. Schlachte darauf den Widder, nimm sein Blut und sprenge es ringsum an den Altar!" (Ex 29, 15 f.)*

Quam oblationem

Die letzte Kanonstrophe vor der heiligen Wandlung ist eine Art *Epiklese* (= *Wandlungsbitte*). Die zur Beschreibung der Opfergabe verwendeten Begriffe sind teilweise der Rechtssprache entnommen: Sie möge von Gott in jeder Hinsicht gesegnet sein (*benedicta*), angenommen und eingetragen (*adscripta*), rechtsgültig gleich einem Vertrag (*rata*). Vom Geist Gottes erfasst, soll sie ein ‚lebendiges' und ‚geistiges' Opfer werden (*rationabilis*), im höchsten Maß Gott wohlgefällig und angenehm (*acceptabilis*): *„Damit sie uns werde Leib und Blut Deines vielgeliebten Sohnes, unseres Herrn Jesus Christus."* Die je fünf darüber gezeichneten Kreuzzeichen können sinnbildlich als Hinweis auf die heiligen fünf Wunden Jesu gedeutet werden.

Konsekration des Brotes

Alles Bisherige diente zur Vorbereitung auf das Große, das nun geschieht, denn *„der Konsekrationsmoment ist der wichtigste und feierlichste, der erhabenste und ergreifendste, der weihevollste und gnadenreichste Augenblick der Messfeier" (Gihr, S. 595).*

Niemals ist der Priester so sehr Priester wie jetzt, da er ganz und gar *in persona Christi* handelt, indem er Christus als Werkzeug dient und IHM gleichsam seinen Mund und seine Hände leiht, damit ER durch

sie dem Vater das sakramentale Opfer der Erlösung darbringen kann (vgl. Direktorium für Dienst und Leben der Priester Nr. 48). Als eigentlich Handelnden erkennen wir im Glauben den ewigen Hohenpriester Jesus Christus.

Sehr schön wird dies veranschaulicht, indem nun der Ministrant direkt hinter dem Priester niederkniet und den Saum des Messgewandes ergreift, wie es ganz ähnlich einst die Frau in Kapharnaum tat: *„Und siehe, eine Frau, die seit zwölf Jahren an Blutfluss litt, trat von rückwärts hinzu und berührte den Saum seines Kleides, denn sie sagte sich: Wenn ich nur sein Kleid berühre, werde ich gesund. Jesus wandte sich um, sah sie und sprach: ‚Sei getrost, Tochter, dein Glaube hat dir geholfen!' Und die Frau war geheilt von jener Stunde an." (Mt 9, 20-22)* Und: *„Wo er Dörfer oder Städte oder Gehöfte betrat, legten sie die Kranken auf die offenen Plätze und baten ihn, dass sie wenigstens den Saum seines Kleides berühren dürften, und alle, die ihn berührten, wurden geheilt." (Mk 6, 56)* Geistigerweise sollen auch wir den Saum SEINES Gewandes berühren, im Glauben, dass Jesus selbst im zelebrierenden Priester gegenwärtig und dass ER unser Heiland ist.

Der Form nach handelt es sich bei den Wandlungsworten nicht um einen ‚Bericht', sondern vielmehr um ein an Gott, den Vater, gerichtetes Gebet: *„Dieser nahm am Abend, bevor er litt, Brot in seine heiligen und ehrwürdigen Hände, und indem er mit zum Him-*

mel, zu Dir, Gott, seinem allmächtigen Vater, erhobenen Augen Dir Dank sagte, segnete er es, brach es und gab es seinen Jüngern mit den Worten: Nehmet hin und esset alle davon ...“

Durch die begleitenden Riten wird im Tun des Priesters dem Vater die *actio Christi* dargestellt, denn er tut genau das, was auch Jesus tat: Er nimmt das Brot und den Kelch, erhebt die Augen, verneigt das Haupt und segnet die Gaben. Das Brechen und die Austeilung finden allerdings erst später statt, während das Danken bereits zuvor in der Präfation entfaltet wurde.

Die Einleitung *„am Abend, bevor er litt“* erinnert an den Zusammenhang zwischen Messopfer und Passion. Auch beim Letzten Abendmahl hat Jesus ganz ausdrücklich von seinem Leiden gesprochen: *„Sehnlichst habe ich danach verlangt, dieses Pascha mit euch zu essen, bevor ich leide (antequam patiar).“ (Lk 22, 15)* Dieses heilbringende Leiden wird in jeder heiligen Messe mit all seinen Früchten auf geheimnisvolle Weise gegenwärtig.

Zum ersten Teil der Wandlung beugt sich der Priester über das Brot und spricht die Worte: *„Hoc est enim Corpus meum. - Das ist mein Leib.“* Danach hält er nicht mehr Brot in den Händen, sondern den geopferten Leib Jesu.

Von der eucharistischen Wesensverwandlung sagt das Konzil von Trient: *„Zu Beginn lehrt die heilige*

Nach der Kniebeuge erhebt er die heilige Hostie, gleich der im Osten aufgehenden Sonne, hoch über sein Haupt (= *Elevation*).

• Der Priester zeigt die heilige Hostie dem gläubigen Volk (*ostendit populo*), damit es anschaue und anbete: *„Jesus, den verborgen jetzt mein Auge sieht, stille mein Verlangen, das mich heiß durchglüht: Lass die Schleier fallen einst in Deinem Licht, dass ich selig schaue, Herr, Dein Angesicht." (hl. Thomas von Aquin, Hymnus ‚Adoro te devote')* - Die Glückseligkeit der Heiligen im Himmel besteht ja wesentlich in der beseligenden Anschauung Gottes (= *visio beatifica*).

• Zugleich aber zeigt der Priester den geopferten Leib Jesu auch dem himmlischen Vater: *„Was stellt der Priester hier Gott dem Herrn vor Augen? Es ist die vergöttlichte Menschheit seines eingeborenen Sohnes, das vortrefflichste Ebenbild der allerheiligsten Dreifaltigkeit, das allerkostbarste Kleinod, wie keines zu finden ist in allen Schätzen der Welt." (Martin von Cochem, Erklärung des heiligen Messopfers, S. 336)*

In der erhobenen Hostie trifft sich der anbetende Blick der Gläubigen mit dem Blick des himmlischen Vaters, der uns wie damals bei der Taufe im Jordan oder bei der Verklärung auf dem Tabor sagen möchte: *„Dieser ist mein geliebter Sohn, an dem ich Wohlgefallen habe." (Mt 3, 17 und 17, 5)*

Von jetzt an fällt die besondere Fingerhaltung des Priesters auf. Auch sie kündet eindrücklich vom Glauben an die wirkliche Gegenwart des Herrn. Bei der Priesterweihe wurden Daumen und Zeigefinger des Neupriesters eigens gesalbt. Von der ersten Berührung im Moment der Wandlung an hält er sie beisammen, und aus Ehrfurcht berührt er mit ihnen nichts anderes mehr als nur die heilige Hostie.

Konsekration des Weines

Nach dem Vorbild Jesu wird die Wandlung in zwei Teilen vollzogen. Zur Konsekration des Weines beugt sich der Priester über den Kelch und spricht die Worte: *„Das ist der Kelch meines Blutes, des neuen und ewigen Bundes, Geheimnis des Glaubens, das für euch und für viele vergossen wird zur Vergebung der Sünden.“*

Der heilige Leib und das Kostbare Blut Jesu werden getrennt gegenwärtig, um zur mystischen Darstellung des gewaltsamen Opfertodes am Kreuz die Trennung von Leib und Seele anzudeuten. Beide Teile der Wandlung entsprechen einander in genauer Symmetrie.

Unde et memores

Sogleich nach der Wandlung des Weines in das Kostbare Blut steht die Aufforderung Jesu: *„Sooft ihr dies tut, tut es zu meinem Gedächtnis.“* Eben dieses Gedächtnis wird nun aufgegriffen, denn aus dem

Gedenken an das Große, das Gott für uns getan hat, wächst der Dank, und dieser drängt danach, sich auszudrücken im Opfer: *„Indem wir nun das Gedächtnis vollziehen (memores), Herr, wir, Deine Diener, aber auch Dein heiliges Volk, des so seligen Leidens, der Auferstehung von den Toten und der glorreichen Himmelfahrt Deines Sohnes, unseres Herrn Jesus Christus, bringen wir (offerimus) Deiner erhabenen Majestät"* das Gotteslamm dar, dessen geopferter Leib nun vor uns auf dem Altar liegt. Jesus selbst ist die *hostia pura, sancta* und *immaculata*, die reine, heilige und makellose Opfergabe. Er selbst ist das *„heilige Brot des ewigen Lebens" (vgl. Joh 6, 51).*

Die fünf Kreuzzeichen über die Opfergaben erinnern wieder an die heiligen fünf Wunden und an Jesu Leiden und Tod.

„Werden die eucharistischen Opfergaben genannt, dann tritt passend das Symbol des Kreuzes hinzu, um auch für das Auge anschaulich zu machen, dass auf dem Altar der nämliche Leib und das nämliche Blut geopfert werden wie einst am Kreuz." (Gihr, S. 616)

Neben den geweihten Priestern (*„nos servi tui"*) werden auch die Gläubigen als Mitopfernde genannt (*„sed et plebs tua sancta"*). Darin ist wieder der übernatürliche Adel des Gottesvolkes im allgemeinen Priestertum ausgesprochen, von dem der hl. Apostel Petrus sagt: *„Ihr seid ein auserwähltes Geschlecht, eine königliche Priesterschaft, ein geheiligtes Volk." (1 Petr 2, 9)*

Supra quæ

Im *Supra quæ* bittet die Kirche den himmlischen Vater, ihr mit dem Opfer Jesu vereintes Opfer wohlgefällig anzunehmen. Dazu erinnert sie an die heilsgeschichtlichen Zusammenhänge vom ersten Opfer des Abel an über die Opfer Abrahams und Melchisedechs bis hin zu ihrer Erfüllung im Kreuzesopfer Jesu. So heißt es in der Secret vom 7. Sonntag nach Pfingsten: *„Gott, der Du die verschiedenen Opfer des alten Gesetzes durch die Vollkommenheit des einen Opfers besiegelt hast, nimm das Opfer Deiner Dir ergebenen Diener an und heilige es mit dem gleichen Segen wie die Gaben Abels, damit, was jeder einzelne zur Ehre Deiner Majestät dargebracht hat, allen zum Heil gereiche."*

Der vorbildhafte Charakter wird in den drei erwähnten Opfern sehr schön deutlich:

1. Abel,	der Gerechte,	opfert ein Lamm.
2. Abraham,	der Vater,	opfert den Sohn.
3. Melchisedech,	der Priester,	opfert Brot und Wein.

• Vom *„gerechten Diener Abel"* heißt es ausdrücklich: *„Der Herr blickte auf Abel und seine Opfergabe." (Gen 4, 4)* Jesus selbst spricht vom *„gerechten Abel" (Mt 23, 35)*, der sein Opfer in seinem eigenen schuldlos vergossenen Blut vollendet hat und dadurch zum Vorbild für den wurde, dessen Blut *„wirksamer redet als das Blut Abels" (Hebr 12, 24)* und von dem Pilatus sagt: *„Ich bin unschuldig am Blute dieses Gerechten." (Mt 27, 24)*

• Eine ganz vorzügliche vorbildhafte Beziehung besteht zwischen dem Kreuzesopfer Jesu und dem Opfer Abrahams, denn wie Isaak ist auch Jesus der einzig geliebte Sohn, der selbst das Holz zur Stätte des Opfers hinaufgetragen hat. In ihm finden die Worte Abrahams ihre letzte Erfüllung: *„Gott selbst wird sich ein Opferlamm ersehen (= providebit).“ (Gen 22, 8)*

• Auch der Priesterkönig Melchisedech ist Vorbild für den Messias, von dem prophezeit ist, er werde Priester sein auf ewig *„nach der Ordnung des Melchisedech“ (Hebr 5, 10 und Ps 109, 4).* Stellvertretend für sein ganzes Geschlecht entrichtete ihm Abraham den Zehnten, als Melchisedech zur Ehre des allerhöchsten Gottes Brot und Wein zum Opfer brachte (vgl. Gen 14, 18).

Supplices

Ähnlich wie die Seraphim in der Vision des Isaias vor dem hohen und erhabenen göttlichen Thron ihr Angesicht verhüllen (vgl. Is 6, 2), senkt nun der Priester den Blick und spricht tief verbeugt: *„Demütig flehend bitten wir Dich, allmächtiger Gott: Lass dies durch die Hände Deines heiligen Engels zu Deinem himmlischen Altar gelangen (perferri), vor das Angesicht Deiner göttlichen Majestät.“*

Der *Engel* und der *Altar* erinnern an die Schau der himmlischen Liturgie in der Offenbarung des Johannes: *„Und als es* (das Lamm) *das siebte Siegel öffnete,* *wurde es still im Himmel, wohl eine halbe Stunde lang. Und ich sah die sieben Engel, die vor Gott stehen, und es wurden ihnen sieben Posaunen gegeben. Ein anderer Engel kam und trat vor den Altar, eine goldene Rauchschale tragend, und viel Räucherwerk wurde ihm gegeben, dass er es darbringe unter dem Gebet aller Heiligen auf dem goldenen Altar vor dem Throne Gottes. Und der Rauch des Räucherwerkes stieg unter den Gebeten der Heiligen aus der Hand des Engels empor zu Gott." (Offb 8, 1-4)*

Der hl. Thomas von Aquin (S. th. III,83,4 ad 9) deutet den Opferengel auf Christus selbst, der als *„Bote des großen Ratschlusses" (magni consilii Angelus)" (Is 9, 5)* das Opfer der Kirche zum himmlischen Altar trägt.

Während der erste Teil ganz zu Gott empor gerichtet ist, tritt nach den Worten *„ut quotquot"* eine Wende ein. Nun küsst der Priester den Altar und erbittet als Frucht des Opfers den göttlichen Segen, *„damit wir alle, die wir durch diese Teilnahme am Altar den hochheiligen ✠ Leib und das ✠ Blut Deines Sohnes empfangen, mit allem himmlischen Segen und mit Gnade erfüllt werden (repleamur)".*

Memento für die Verstorbenen

Nachdem er den Segen für die Lebenden erbeten hat, betet der Priester für die leidende Kirche, die Seelen im Fegfeuer, die in ihrem gegenwärtigen Zustand nicht mehr selbst opfern können, sondern pas-

siv geläutert werden: *„Gedenke auch, Herr, Deiner Diener und Dienerinnen, die uns mit dem Zeichen des Glaubens vorangegangen sind und die nun ruhen im Frieden."*

In den Worten *„die uns vorangegangen sind"* liegt eine Mahnung für die streitende Kirche auf Erden, denn auch sie wird einmal diesen Weg gehen. Es ist heilsam, an den Tod zu denken, um im Blick auf den Tag der Rechenschaft stets bereit zu sein, *„denn der Menschensohn kommt zu einer Stunde, da ihr es nicht vermutet" (Mt 24, 44).*

Das *„Zeichen des Glaubens"* (*signum fidei*) ist das unauslöschliche Merkmal, das in der Taufe der Seele eingeprägt wird zum Zeichen unbedingter Zugehörigkeit zu Christus und seiner Kirche.

Der Zustand der Seelen im Fegfeuer wird sehr positiv beschrieben als ein *„Ruhen im Frieden"*, denn obgleich sie der Vollendung ihrer Erlösung noch entgegenharren, ist ihnen der Friede doch gesichert. Zwar sind sie noch nicht am Ziel, aber sie sind auf dem Weg, auf dem sie das Ziel nicht mehr verlieren können. *„Selig sind von jetzt an die Toten, die im Herrn sterben! Wahrlich, spricht der Geist, sie werden ausruhen von ihren Mühen, denn ihre Werke folgen ihnen nach." (Offb 14, 13)*

Die himmlische Seligkeit wird dreifach umschrieben: als Ort erquickender Kühle (*refrigerii*), des Lichtes (*lucis*) und des Friedens (*pacis*).

• Die erfrischende Kühle deutet darauf hin, dass die läuternden Strafen des Fegfeuers beendet sein werden: *„Transivimus per ignem et aquam: et eduxisti nos in refrigerium. - Durch Feuer und Wasser sind wir geschritten; und Du hast uns hinausgeführt zum Ort der Erfrischung." (Ps 65, 12)* Im Kontrast dazu steht die Bitte des reichen Prassers im Gleichnis vom armen Lazarus: *„Als er in der Unterwelt in der Qual seiner Schmerzen seine Augen erhob, sah er Abraham von ferne und Lazarus in seinem Schoß. Da rief er: Vater Abraham, erbarme dich meiner und sende den Lazarus, dass er die Spitze seines Fingers ins Wasser tauche und meine Zunge erfrische, denn ich leide große Pein in dieser Glut." (Lk 16, 23 f.)*

• Als ‚Ort des Lichtes' schildert Johannes das himmlische Jerusalem: *„Die Stadt bedarf weder der Sonne noch des Mondes, dass sie scheinen in ihr, denn die Herrlichkeit Gottes erleuchtete sie, und ihre Leuchte ist das Lamm." (Offb 21, 23)* Und im Psalm 35 stehen die herrlichen Verse: *„Am Reichtum Deines Hauses laben sie sich, mit dem Strom Deiner Wonnen tränkst Du sie. Ja, bei Dir ist die Quelle des Lebens, in Deinem Lichte schauen wir das Licht." (Ps 35, 9 f.)*

Bei den abschließenden Worten *„Per eundem Christum Dominum nostrum"* neigt der Priester das Haupt. Dies ist ungewöhnlich, weil an dieser Stelle der Name *Jesus* gar nicht genannt wird. Nach einer schönen allegorischen Deutung soll diese Verneigung den Tod Jesu darstellen, der mit geneigtem

Haupt (vgl. Joh 19, 30) gestorben ist: *„Sterbend hat Christus am Kreuz sein Haupt geneigt und ist dann in die Tiefe des Totenreiches hinabgestiegen, um die Frommen der Vorzeit dort zu trösten und aus ihrer Gefangenschaft zu befreien. Daran will der Priester nun erinnern durch Neigung seines Hauptes, da er ja hier für alle in Christus Ruhenden betet und fleht." (Gihr, S. 635)*

Nobis quoque

Da sonst der ganze Kanon in Stille vollzogen wird, fällt es auf, dass nun der Priester die Stimme ein wenig hebt und drei Worte ganz deutlich ausspricht, wobei er sich mit der rechten Hand an die Brust schlägt: *„Nobis quoque peccatoribus ... - Auch uns Sündern, Deinen Dienern, die auf die Fülle Deiner Barmherzigkeit hoffen, schenke gnädig Anteil und Gemeinschaft mit Deinen Heiligen."* Der Grund liegt darin, dass er hier für sich selbst und für den anwesenden Klerus betet. Durch die Erhebung der Stimme sollen die übrigen Geistlichen zur Aufmerksamkeit gerufen werden, damit auch sie sich an die Brust schlagen und sich mit dem Gebet des Zelebranten vereinen.

Das Schlagen an die Brust ist hier nicht nur Ausdruck von Reue und Zerknirschung, sondern kann in direkter Anknüpfung an die Allegorese der vorherigen Strophe gedeutet werden. Nachdem nämlich Jesus sterbend sein Haupt geneigt hatte, schlugen sich die Umstehenden an die Brust: *„Als der Hauptmann*

sah, was geschah, pries er Gott und sprach: ‚Wirklich, dieser Mensch war ein Gerechter!' Und all die Volksscharen, die sich zu diesem Schauspiel eingefunden hatten und sahen, was vorging, schlugen an die Brust und gingen von dannen." (Lk 23, 47 f.)

In den Worten *„die auf die Fülle Deiner Barmherzigkeit hoffen"* ist ein starker Anklang an den Psalm *Miserere*, den König David angestimmt hat, nachdem er in schwere Sünde gefallen war: *„Nach der Fülle Deiner Barmherzigkeit tilge mein Vergehen!" (Ps 50, 3)*

In der Bitte um *Anteil und Gemeinschaft* mit den Heiligen findet sich die Wendung *„partem aliquam"*: Wir bitten in Demut wenigstens um einen *„kleinen Anteil"*, denn so sagt der Psalmist: *„Wahrlich, ein Tag in Deinen Vorhöfen ist besser als tausend andere. Lieber auf der Schwelle liegen im Haus meines Gottes, als in den Zelten der Frevler wohnen!" (Ps 83, 11)*

Angeführt von Johannes dem Täufer werden dann 14 Martyrer aufgelistet: 7 Männer und 7 Frauen.

Johannes	
Stephanus	Felicitas
Matthias	Perpetua
Barnabas	Agatha
Ignatius	Lucia
Alexander	Agnes
Marcellinus	Cäcilia
Petrus	Anastasia

Aus der Zahl dieser Heiligen sei hier nur einer herausgegriffen, nämlich der hl. Ignatius, Bischof von Antiochien, der um das Jahr 107 in Rom den Martertod starb. Von seiner letzten Reise besitzen wir sieben Briefe, von denen besonders jener an die römische Christengemeinde in ergreifender und eindrücklicher Weise von seiner Opfergesinnung zeugt. Aus Sorge, die römischen Christen könnten versuchen, sein Martyrium zu verhindern, schrieb er: *„Ihr könnt mir nicht besser eure zärtliche Liebe beweisen, als wenn ihr es geschehen lasst, dass ich mich zum Opfer weihe - jetzt, wo der Altar errichtet ist: Begnügt euch, im heiligen Chore der Liebe Dank zu singen dem Vater in Christo Jesu. Wohl mir, wenn ich der Welt untergehe, um für Gott aufzugehen! Lasset mich den Tieren zur Speise werden, damit ich durch sie zu Gott gelange. Ich bin der Weizen Gottes und muss durch die Zähne der Tiere gemahlen werden, um reines Brot Christi zu sein. Feuer und Kreuz, Scharen wilder Tiere, Zerreißung des Leibes, Zerstückelung meiner Glieder, Zermalmung meiner Gebeine - kurz, was immer der Teufel an Qualen ersinnen kann, alles möge über mich kommen, wenn ich nur Jesum Christum gewinne. Alle Vergnügungen der Erde achte ich für nichts, für nichts alle Königreiche der Welt: Besser ist es für mich, zu sterben für Jesus Christus, als zu herrschen über alle Grenzen der Erde. Lasset mich nachahmen das Leiden meines Gottes. Meine Liebe ist ja gekreuzigt. Kein Feuer glüht in mir, das nach dem Irdischen zielt, sondern ein Quell lebendigen Wassers sprudelt in meinem Herzen und ruft mir zu: Komm zum Vater!*

Nur das Brot Gottes verlange ich, das Himmelsbrot des Lebens, welches ist das Fleisch Jesu Christi, des Sohnes Gottes: nur den Trank verlange ich, sein Blut, welches ist die unvergängliche Liebe und das ewige Leben!" (Ignatius von Antiochien, Brief an die Römer, zitiert nach: Gihr, S. 640 f.)

Die abschließende Bitte um Aufnahme ins *„Consortium Sanctorum"* (= *Lebens- und Gütergemeinschaft mit den Heiligen*) erinnert an das Wort des hl. Apostels Paulus: *„Möget ihr in Freude Dank sagen dem Vater, der uns befähigt hat, Anteil zu erhalten am Los seiner Heiligen im Lichte." (Kol 1, 12)*

Per quem hæc omnia

In der folgenden Kanonstrophe beziehen sich die Worte *„hæc omnia"* (= *dies alles*) zunächst auf die eucharistischen Elemente. Tatsächlich hat Gott die Gaben von Brot und Wein durch die Wesensverwandlung auf höchstmögliche und unüberbietbare Weise geheiligt, belebt und gesegnet. Aus den materiellen Gaben wurde ‚lebendiges' Brot: *„Ich bin das lebendige Brot, das vom Himmel herabgekommen ist. Wenn einer von diesem Brote isst, wird er leben in Ewigkeit, und das Brot, das ich geben werde, ist mein Fleisch für das Leben der Welt." (Joh 6, 51)*

Zugleich aber repräsentieren die Gaben von Brot und Wein die sichtbare Schöpfung. In ihnen wird stellvertretend auch die übrige Welt gesegnet. Des-

halb bezieht sich das *„hæc omnia“* auch auf die Gaben der Natur.

Tatsächlich fand früher zu bestimmten Zeiten und an gewissen Festen genau an dieser Stelle eine Segnung von Naturalien statt. In einer von Papst Gelasius (492-496) verfassten Sammlung liturgischer Riten steht die Anweisung, kurz vor dem Ende des Messkanons Früchte zu segnen, worauf eine Segensformel folgt, die mit den Worten schließt: *„... in nomine D. N. I. Ch. per quem hæc omnia ...“ (vgl. Gihr, S. 651, Fußnote 3)*. Das *Per quem* war ursprünglich also ein feststehender Abschluss für verschiedene Segensgebete. Ein Überbleibsel davon gibt es noch heute, denn in der Chrisammesse des Gründonnerstags wird genau an dieser Stelle das Krankenöl geweiht.

Per ipsum

Das *Per ipsum* ist ein abschließender Lobpreis- und Opferritus, der den ganzen Kanon noch einmal zusammenfasst und gleichsam auf den Punkt bringt.

Der Priester deckt den Kelch ab, beugt das Knie, ergreift ehrfurchtsvoll mit Daumen und Zeigefinger der rechten Hand die heilige Hostie und macht mit ihr langsam drei Kreuzzeichen von Rand zu Rand des Kelches. Wie zuvor die zweigeteilte Wandlung auf den gewaltsamen Opfertod Jesu hinweist, so kann dies als symbolische Zusammenfügung zur Darstellung der Auferstehung verstanden werden.

Die waagerechten Kreuze deuten in die vier Himmelsrichtungen, von denen her die Kirche versammelt ist, um in Vereinigung mit dem unendlich wertvollen Opfer Christi *„durch IHN und mit IHM und in IHM“* Gott dem allmächtigen Vater in der Einheit des Heiligen Geistes *„omnis honor et gloria“*, d. h. die ganze ihm gebührende höchste und vollkommenste Ehre und Verherrlichung zu erweisen.

Bei den Worten *„omnis honor et gloria“* erhebt der Priester Kelch und Hostie zur sogenannten *kleinen Elevation*, um sie so auch äußerlich sichtbar dem himmlischen Vater aufzuopfern, wozu der Ministrant ein Glockenzeichen gibt.

Nach dem wieder laut gesprochenen *„Per omnia sæcula sæculorum“* antwortet das Volk: *„Amen“*, was soviel heißt wie: *„So sei es!“* Dieses unscheinbare Wort hat an dieser Stelle ein sehr hohes Gewicht, denn auf diese Weise erklären die Gläubigen zur ganzen Opferhandlung ihre feierliche Zustimmung.

Pater noster

Seit Papst Gregor dem Großen (590-604) folgt nun das *Pater noster*. In einem Brief an den Bischof von Syrakus vom Oktober 598 sagt er, wenn schon von Menschen verfasste Gebete über die Opfergaben gesprochen würden, so zieme sich dies umso mehr für das vom Herrn selbst verfasste Gebet. Er selbst verstand die Einführung des *Pater noster* als wichtige Ergänzung und Vollendung des Kanon. Weil es aber ausdrücklich in den Kreis der Kanonstrophen einbezogen war, sollte es vom Priester allein gebetet werden.

Sehr feierlich klingt die Einleitung: *„Præceptis salutaribus moniti ... - Durch heilbringende Anordnung gemahnt und durch göttliche Belehrung angeleitet, wagen wir zu sprechen: ...“*

Die vierte Bitte des *Pater noster* um das tägliche Brot meint nicht nur die Nahrung für den Leib, sondern umfasst sämtliche Bedürfnisse des Menschen in seiner leib-seelischen Ganzheit, denn *„nicht vom Brot allein lebt der Mensch“ (Mt 4, 4 / Dt 8, 3)*. Ganz deutlich ist darin bereits auch eine Überleitung und Vorbereitung auf den Empfang der heiligen Kommunion zu sehen.

Embolismus

Die letzte Bitte des *Pater noster* wird fortgeführt und ausgedeutet im sogenannten *Embolismus* (= *Einschub*), in welchem der Kanon seinen endgültigen Abschluss findet: *„Erlöse uns, wir bitten Dich, Herr, von allen Übeln, den vergangenen, gegenwärtigen und zukünftigen, und auf die Fürsprache der seligen und glorreichen immerwährenden Jungfrau und Gottesgebärerin Maria, der heiligen Apostel Petrus und Paulus sowie Andreas und aller Heiligen gib gnädig Frieden in unseren Tagen ...“* Bei diesen Worten bekreuzigt sich der Priester mit der Patene, denn

er bittet um jenen wahren Frieden, den Christus durch sein Kreuz gebracht hat, „... *damit wir mit Hilfe Deiner Gnade allzeit von Sünden frei und vor jeder Verwirrung gesichert seien.*“

Nun küsst der Priester die Patene und schiebt sie unter die heilige Hostie. Diese Aufnahme der Hostie deutet der sel. Hrabanus Maurus (776-856) als symbolische Grablegung und den Kuss als *„Zeichen der Liebe und Ehrfurcht ... gegen dieses ‚neue Grabmal‘ des anbetungswürdigen Fronleichnams Christi“ (Gihr, S. 662).*

Danach deckt er den Kelch ab, macht eine Kniebeuge, ergreift die Hostie, bricht sie ehrfurchtsvoll in der Mitte (*fractio*), löst ein kleines Stück von der linken Hälfte ab, zeichnet damit zur *Pax* drei Kreuze über den Kelch (*consignatio*) und senkt es in das Kostbare Blut (*mixtio*).

Fractio

Schon bei der Wandlung wurde erwähnt, wie Jesus beim Letzten Abendmahl das Brot gebrochen hat: *„Während sie nun aßen, nahm Jesus Brot, sprach den Segen, brach es und gab es den Jüngern mit den Worten: ‚Nehmet hin und esset, das ist mein Leib.‘“ (Mt 26, 26)* Diese Brechung wird nun vollzogen.

Die frühen Christen haben das *Brotbrechen* als starkes Symbol empfunden und den Begriff (ähnlich wie den der *Eucharistia = Danksagung*) sogar

als Bezeichnung für das ganze eucharistische Opfer gebraucht: *„Sie verharrten in der Lehre der Apostel, in der Gemeinschaft, im Brotbrechen und im Gebet." (Apg 2, 42; vgl. 1 Kor 10, 16)*

Die Brechung der heiligen Hostie wird direkt über dem Kelch mit dem Kostbaren Blut vollzogen. Sie erinnert wiederum an den gewaltsamen Opfertod Jesu und ganz besonders an die Öffnung seiner Seite, aus der eben dieses Kostbare Blut zum Heil der Welt geflossen ist: *„Einer der Soldaten stieß mit der Lanze in seine Seite, und sogleich kam Blut und Wasser heraus." (Joh 19, 34)*

Consignatio und Pax

Mit der kleinen, von der linken Seite der gebrochenen Hostie abgelösten Partikel macht der Priester ein dreifaches Kreuz über den Kelch (= *consignatio*) und spricht: *„Der Friede ✠ des Herrn ✠ sei allezeit ✠ mit euch."* Dabei denken wir an das Wort des hl. Apostels Paulus: *„Es war Gottes Ratschluss, ... durch ihn alles mit sich zu versöhnen, da er den Frieden wirkte durch sein Blut am Kreuz." (Kol 1, 19 f.)*

Mixtio

Schließlich wird die Partikel in das Kostbare Blut versenkt, während der Priester spricht: *„Diese Mischung und Weihung des Leibes und Blutes unseres*

Herrn Jesus Christus gereiche uns Empfangenden zum ewigen Leben.“ Durch die Zusammenführung der getrennten Gestalten von Leib und Blut Christi wird wieder, wie beim *Per ipsum*, symbolisch die Auferstehung dargestellt.

11. Abschnitt

DIE HEILIGE KOMMUNION

Nachdem der Priester den Kelch wieder bedeckt hat, beugt er das Knie, faltet die Hände und spricht zur heiligen Hostie hin geneigt dreimal das *Agnus Dei*. Zu den Worten *„miserere nobis"* klopft er mit der rechten Hand an seine Brust: *„Lamm Gottes, Du nimmst hinweg die Sünden der Welt, erbarme Dich unser!"*

Als *Lamm Gottes* wurde Jesus gleich zu Beginn seines öffentlichen Wirkens von Johannes dem Täufer begrüßt (vgl. Joh 1, 29.36), denn im Alten Bund war das Lamm eines der wichtigsten Vorbilder für den kommenden Christus. Zum Auszug des Volkes Israel aus Ägypten gebot Gott durch Moses, dass jede Familie ein fehlerloses, einjähriges, männliches Lamm nehme und es am Vorabend des großen Sabbat schlachte. Dabei sollte an ihm kein Bein zerbrochen werden (Ex 12, 46; vgl. Joh 19, 36). Durch sein an die Türpfosten gestrichenes Blut fand das auserwählte Volk Rettung vor dem Tod: *„Von dem Blut sollen sie nehmen und damit die beiden Türpfosten und die Oberschwelle an den Häusern bestreichen, in denen man es essen wird. ... Ich will in dieser Nacht durch Ägypten schreiten, werde alle Erstgeborenen schlagen vom Menschen bis zum Vieh. ... Das Blut an den Häusern, in denen ihr weilt, soll euch zu einem*

Schutzzeichen sein. Wenn ich das Blut sehe, dann schreite ich an euch vorüber." (Ex 12, 7-13)

In der Prophetie vom leidenden Gottesknecht schreibt Isaias: *„Verachtet war er, von Menschen gemieden, ein Mann der Schmerzen, mit Krankheit vertraut. ... Unsere Krankheiten trug er, unsere Schmerzen lud er sich auf. ... Er wurde durchbohrt für unsere Frevel, zerschlagen wegen unserer Missetaten. Züchtigung für unser Heil lag auf ihm, durch seine Wunden sind wir geheilt. ... Ihn ließ der Herr treffen unser aller Verschuldung. Man misshandelte ihn, und er beugte sich; er tat seinen Mund nicht auf wie ein Lamm, das zur Schlachtbank geführt wird, und gleich einem Schaf, das vor seinen Scherern verstummt." (Is 53, 3-7)*

Die alttestamentlichen Prophetien haben sich buchstäblich erfüllt, denn Jesus ist am Karfreitag genau zu der Stunde gestorben, als im nahen Tempel zu Jerusalem die Osterlämmer geschlachtet wurden.

Auch ganz am Ende der Heiligen Schrift, in den geheimnisvollen Schauungen des hl. Apostels Johannes, begegnet uns das Lamm. Dort ist es die Schar der Erlösten, die gemeinsam mit unzähligen Engeln und im Namen aller Geschöpfe mit lauter Stimme ruft: *„Würdig ist das Lamm, das geschlachtet wurde, Macht zu empfangen und Reichtum und Weisheit und Stärke und Ehre, Verherrlichung und Lobpreis." (Offb 5, 12)*

Bei der dritten Wiederholung des *Agnus Dei* steht die Bitte: *„Gib uns den Frieden!"* Die dem menschlichen Herzen tief eingeprägte Sehnsucht nach Frieden wird einst erfüllt im himmlischen Jerusalem: *„Sie werden nicht mehr hungern und dürsten, und nimmer wird die Sonne auf sie fallen noch irgendeine Glut. Denn das Lamm in der Mitte vor dem Throne wird sie weiden und zu den Wasserquellen des Lebens führen, und Gott wird jede Träne wegwischen von ihren Augen." (Offb 7, 16 f.)*

Friedensgebet

Nun legt der Priester beide Hände gefaltet auf den Rand des Altares, richtet seinen Blick auf die heilige Hostie und spricht leise das Friedensgebet sowie zwei Gebete zur Vorbereitung auf die heilige Kommunion. Diese sind nicht mehr an den Vater gerichtet, sondern direkt an den im Sakrament gegenwärtigen Herrn.

Das Friedensgebet hat seine biblische Wurzel in den Abschiedsreden Jesu: *„Frieden hinterlasse ich euch, meinen Frieden gebe ich euch; nicht wie die Welt ihn gibt, gebe ich ihn euch. Euer Herz bange nicht und zage nicht!" (Joh 14, 27)* Die Bitte um *„Einheit"* erinnert deutlich an das Hohepriesterliche Gebet: *„Lass sie alle eins sein. Wie Du, Vater, in mir bist und ich in Dir bin, so lass auch sie in UNS sein, damit die Welt glaube, dass Du mich gesandt hast." (Joh 17, 21)*

Sehr bedeutungsvoll sind die Worte: *„Herr, Jesus Christus, ... schau nicht auf meine Sünden, sondern auf den Glauben Deiner Kirche."* Sie erinnern an das

Geheimnis priesterlicher Gewalt, denn selbst ein der priesterlichen Würde unwürdiger Lebenswandel kann die Wirksamkeit der Sakramente nicht mindern (vgl. KKK 1584).

Vom hl. Franz von Assisi wird berichtet, auf einer Reise durch die Lombardei sei er in einem Dorf gefragt worden, ob man den Worten und dem Lebenswandel eines Priesters Glauben schenken dürfe, der im Konkubinat lebe und unreine Hände habe. Franziskus kniete in Anwesenheit des Volkes vor dem betroffenen Pfarrer nieder und sprach: *„Ich weiß nicht, ob die Hände dieses Menschen so sind, wie sie dieser Mann beschreibt. Doch selbst wenn diese Beschreibung der Wahrheit entspräche, so weiß und glaube ich, dass die göttlichen Sakramente hierdurch weder Kraft noch Wirksamkeit einbüßen. Durch diese Hände hindurch gießt Gott Wohltaten und Gaben auf sein Volk aus, und so küsse ich diese Hände aus Ehrfurcht vor den Sakramenten, deren Verwalter sie sind, und vor der Heiligkeit dessen, der ihnen solche Macht verliehen hat." (Mederlet, Die Hochzeit des Lammes, S. 125)*

Kommuniongebete

Die beiden folgenden Gebete eignen sich auch für die Gläubigen gut zur persönlichen Vorbereitung auf die heilige Kommunion.

Das erste Gebet beginnt mit der Anrede: *„Herr Jesus Christus, Sohn des lebendigen Gottes."* Darin ist eine deutliche Anlehnung an das Bekenntnis des hl. Apostels Petrus *„Du bist Christus, der Sohn des lebendigen Gottes" (Mt 16, 16)*, von dem Jesus sagt: *„Nicht Fleisch und Blut haben dir das geoffenbart, sondern mein Vater, der im Himmel ist." (Mt 16, 17)* Im Zentrum steht die Bitte: *„Erlöse mich durch diesen Deinen hochheiligen Leib und Dein Blut von all meinen Sünden und von jeglichem Übel. Gib, dass ich Deinen Geboten immer treu bleibe, und lass nicht zu, dass ich jemals von Dir getrennt werde!"* Wir denken dabei an das Wort des hl. Apostels Paulus: *„Wer will uns trennen von der Liebe Christi? ... Ich bin überzeugt, weder Tod noch Leben, weder Engel noch Mächte, weder Gegenwärtiges noch Zukünftiges noch Kräfte, weder Höhe noch Tiefe noch sonst etwas Geschaffenes wird uns zu trennen vermögen von der Liebe Gottes in Christus Jesus, unserem Herrn." (Röm 8, 35-39)*

Das zweite Gebet trägt einen sehr ernsten Charakter. Es enthält eine dringliche Mahnung zur würdigen Kommunion: *„Der Genuss Deines Leibes, Herr Jesus Christus, den ich Unwürdiger zu empfangen wage, gereiche mir nicht zum Gericht und zur Verdammnis, sondern um Deiner Güte willen sei er mir Schutz und Heilmittel für Seele und Leib."* Wieder denken wir an ein Wort des hl. Apostels Paulus: *„Es prüfe ein jeder sich selbst, und so esse er von dem Brot und trinke aus dem Kelch. Denn wer unwürdig isst und trinkt, der isst und trinkt sich das Gericht, da er den Leib des Herrn nicht unterscheidet." (1 Kor 11, 28 f.)* In der

Sequenz *Lauda Sion* zum Fronleichnamsfest sagt der hl. Thomas von Aquin: *„Gute kommen, Böse kommen, alle haben ihn genommen, die zum Leben, die zum Tod; Bösen wird er Straf‘ und Hölle, Frommen ihres Heiles Quelle; so verschieden wirkt dies Brot.“*

Domine, non sum dignus

Während der Priester die beiden Teile der heiligen Hostie ergreift, spricht er: *„Das himmlische Brot will ich nehmen und anrufen den Namen des Herrn.“*

Dann hält er sie in der linken Hand über der Patene, schlägt sich mit der Rechten dreimal an die Brust und spricht wie der Hauptmann von Kapharnaum: *„O Herr, ich bin nicht würdig, dass du eingehst unter mein Dach, aber sprich nur ein Wort, so wird meine Seele gesund.“* (vgl. Mt 8, 8)

Darin ausgedrückt ist zugleich tiefe Demut und großes Vertrauen. *„Betrachtet der Priester mit lebendigem Glauben die wunderbare Hoheit und Heiligkeit des eucharistischen Herrn, der Einkehr bei ihm nehmen will, dann wird er gar mächtig ergriffen und tief beschämt ob seiner Unwürdigkeit, da das Herz so leer und öde, so arm und kalt ist. Voll heiliger Scheu und Furcht möchte er mit Petrus ausrufen: ‚Geh hinweg von mir, o Herr, denn ich bin ein sündiger Mensch!‘ (Lk 5, 8)“ (Gihr, S. 693)* Zugleich aber denkt er an das Wort Jesu, der ja selbst gesagt hat: *„Kommt alle zu mir, die ihr mühselig und beladen seid, ich will euch erquicken, ... und ihr werdet Ruhe finden für eure Seelen.“ (Mt 11, 28 f.)*

In der Bitte um das Heil der Seele (*et sanabitur anima mea*) klingt das Psalmwort an: *„O Herr, sei mir gnädig. Heile meine Seele, denn ich habe wider Dich gesündigt (sana animam meam, quia peccavi tibi).“ (Ps 40, 5).*

Die dreimalige Wiederholung bringt gemäß einer besonderen Eigenart der hebräischen Sprache Steigerung und Ernsthaftigkeit zum Ausdruck.

Heilige Kommunion

Das Wort *Kommunion* bedeutet *Vereinigung*. Wie Brot und Wein dem Menschen zur Nahrung dienen für den Leib, so gibt Christus uns gerade unter diesen Gestalten seinen Leib und sein Blut zur Nahrung für die Seele. Und ebenso wie die Nahrung sich aufs Innigste mit dem Leib vereint, so vereinigt uns die heilige Kommunion aufs Innigste mit Christus. Vor seiner Himmelfahrt hat der Herr gesagt: *„Seht, ich bin bei euch alle Tage bis zum Ende der Welt.“ (Mt 28, 20)* Dieses ‚Bei uns Sein‘ hat er im Sakrament seiner Liebe ganz wunderbar verwirklicht.

Bei der Kommunion des Priesters ist jede einzelne Bewegung von Psalmversen und stillem Gebet begleitet. Während er den Kelch ergreift, spricht er: *„Was soll ich dem Herrn vergelten für alles, was er an mir getan hat? Den Kelch des Heils will ich ergreifen und anrufen den Namen des Herrn.“ (Ps 115, 3 f. Vulg.)*

Danach folgt die Kommunion der Gläubigen.

Im Laufe der Zeit ist die Kirche unter der Leitung des Heiligen Geistes (vgl. Joh 16, 12 f.) immer tiefer in Wahrheit und Bedeutung des eucharistischen Mysteriums eingedrungen. Es war und ist ihr ein Bedürfnis, im Umgang mit diesem kostbarsten Gut und insbesondere in der Ausspendung der heiligen Kommunion ihren Glauben und ihre Anbetung klar und deutlich zum Ausdruck zu bringen. So entstand ein Ritus, der ganz reif und adäquat das ausdrückt, was die katholische Kirche vom hochheiligen Sakrament des Altares glaubt: Zum Zeichen der Anbetung knien die Gläubigen an der Kommunionbank nieder. Der Priester segnet jeden einzelnen und legt ihm die Hostie direkt auf die Zunge, indem er spricht: *„Der Leib unseres Herrn Jesus Christus ✠ bewahre deine Seele zum ewigen Leben. Amen."*

Von dieser Art zu kommunizieren sagt die Instruktion ‚Memoriale Domini' vom 29. Mai 1969: *„Die herkömmliche Praxis gewährleistet zuverlässiger die erforderliche Ehrfurcht und die geziemende Würde bei der Spendung der heiligen Kommunion; sie hält die Gefahr der Verunehrung der eucharistischen Gestalten fern, unter denen Christus in einzigartiger Weise ganz und unversehrt zugegen ist, Gott und Mensch, wesentlich und dauernd; sie fördert die Sorgfalt, mit der die Kirche stets die Fragmente des konsekrierten Brotes zu achten empfiehlt: ‚Denn was du zugrunde gehen lässt, sollst du so betrachten, als ginge dir eines deiner eigenen Glieder verloren.' (Cyrill von Jerusalem)"*

Während der heiligen Kommunion halten die Gläubigen, oder besser noch ein Ministrant, die *Kommunionpatene*. Dies ist ein ovaler, vergoldeter Teller, der verhindern soll, dass Partikel der konsekrierten Gestalten zu Boden fallen; denn mit dem Konzil von Trient bekennen wir, *„dass in dem verehrungswürdigen Sakrament der Eucharistie unter jeder Gestalt und unter den einzelnen Teilen einer jeden Gestalt nach der Teilung der ganze Christus enthalten ist" (Konzil von Trient, 13. Sitzung 1551, 3. Lehrsatz).*

Schon der hl. Cyrill von Jerusalem († 386) mahnt: *„Habe wohl acht, damit von den eucharistischen Gestalten nichts verloren gehe. Denn sage mir, wenn dir jemand Goldkörner gäbe, würdest du sie nicht mit größter Behutsamkeit halten und besorgt sein, dass keines davon verloren geht und du keinen Schaden leidest? Um wie viel mehr musst du auf der Hut sein, auch nicht ein Brosämlein zu verlieren von dem, was unvergleichlich wertvoller ist als Gold und Edelstein." (Mystagog. Kat. 5, 21)*

Wo die äußeren Zeichen der Ehrfurcht vernachlässigt werden, werden notwendig auch die innere Ehrfurcht und der Glaube an die wirkliche Gegenwart des Herrn im Sakrament des Altares Schaden leiden.

Purifikation

Nach der heiligen Kommunion folgt die *Purifikation* (von *purificare = reinigen*). Bevor der Priester den Kelch reinigt, werden unter stillem Gebet Wein und Wasser über jene vier Fingerspitzen gegossen, mit denen er den Leib des Herrn berührt hat. Erst danach nimmt er sie wieder auseinander. - Mancher Gestus sagt mehr als viele Worte!

Während der Purifikation spricht er: *„Was wir mit dem Mund empfangen haben, Herr, das lass uns auch mit reinem Herzen aufnehmen, und aus der zeitlichen Gabe werde uns ein ewiges Heilmittel. - Dein Leib, Herr, den ich empfangen, und das Blut, das ich getrunken habe, bleibe stets in meinem Innersten; gib, dass in mir kein Sündenmakel zurückbleibe, da mich diese reinen und heiligen Geheimnisse neu gestärkt haben.“*

12. Abschnitt

DIE NACHMESSE

Der Schlussteil der heiligen Messe gleicht deutlich der Vormesse:

1. In der Nachmesse wird wieder laut gebetet.
2. Der Kelch ist wieder mit dem Velum bedeckt.
3. Das Messbuch steht wieder auf der Epistelseite.

Auch die Gebete der Vor- und Nachmesse entsprechen einander:

1. Dem *Introitus* entspricht die *Communio*.
2. Der *Oratio* entspricht die *Postcommunio*.
3. Dem *Evangelium* entspricht das *Schlussevangelium*.
4. Der *Altarkuss* zu Beginn und am Ende der Messe wird ganz ähnlich vollzogen und ist jeweils von einem stillen Gebet begleitet: *Oramus te* und *Placeat tibi*.

So erhält die ganze Messe eine schöne Ordnung und Symmetrie.

Opfermesse

Opferung / Wandlung / Kommunion

Vormesse | Nachmesse

Communio

Communio und *Postcommunio* gehören zu den jeweils wechselnden Eigenteilen der heiligen Messe. Ursprünglich war die Communio ein Psalmengesang. Ähnlich wie der Introitus den Einzug zum Altar, so begleitete sie die Ausspendung der heiligen Kommunion. Heute ist davon nur noch eine kurze Antiphon geblieben. Gewöhnlich steht der Inhalt der Communio in Beziehung zum Tagesgedanken.

Postcommunio

Gegenstand der *Postcommunio* ist meistens die Bitte, das Sakrament möge zur vollen Auswirkung kommen. So beten wir beispielsweise am zweiten Adventssonntag: *„Gesättigt mit geistlicher Nahrung, flehen wir Dich, Herr, demütig an: Lehre uns durch die Teilhabe an diesem Mysterium, das Irdische zu verachten und das Himmlische zu lieben.“*

Ite, missa est

In der frühen Kirche und vor allem in Zeiten der Verfolgung beobachteten die Christen eine strikte *Arkandisziplin* (von *arcanus = heimlich*). Die *Katechumenen* (= Taufbewerber) wurden langsam und schrittweise in die Geheimnisse des Glaubens eingeführt und mit den gottesdienstlichen Riten vertraut gemacht. Vor den Heiden aber schwieg man über die christliche Lehre und den Gottesdienst, um das Heilige zu schützen und es nicht der Gefahr der Profanierung auszusetzen. Dabei dachte man an die Mahnung Jesu: *„Gebt das Heilige nicht den Hunden und werft eure Perlen nicht vor die Schweine, damit sie nicht diese zertreten unter ihren Füßen und sich umwenden und euch zerreißen." (Mt 7, 6)* Zu diesem Zweck verwendete man gleichsam eine Geheimsprache und erfand einfache Symbole und Begriffe, die nur den Gläubigen verständlich waren und mit deren Hilfe sie sich gegenseitig erkennen konnten.

Eines der bedeutsamsten frühchristlichen Symbole ist der Fisch: Er wird im Wasser geboren, wie auch der Christ im Wasser der Taufe geboren wird. Ein gesunder Fisch kann im Salzwasser leben, ohne selbst salzig zu werden, wie auch ein ‚gesunder' Christ den ‚Geschmack' der Welt nicht annimmt. Schließlich stehen die einzelnen Buchstaben des griechischen Wortes *IChThYS* (= *Fisch*) für ein kurzes Glaubensbekenntnis: *„Jesus Christus, Gottes Sohn, Erlöser."*

Im Kontext dieser Arkandisziplin steht auch der Begriff *Messe*. Er ist dem Entlassungsruf *„Ite, missa est"* entnommen. *„Ite"* (von *ire = gehen*) bedeutet: *„Gehet hin!"* Das *„missa est"* ist verwandt mit *missio* (= Sendung) und würde wörtlich übersetzt bedeuten: *„Es ist gesandt worden."* Nur Eingeweihte sollten verstehen, was damit gemeint war, wenn die Christen von einer *missa* sprachen.

Gewöhnlich wird das *„Ite, missa est"* als Hinweis auf die apostolische Sendung der Kirche gedeutet:

„Gehet hin, ihr seid gesendet!“ Ihr wurdet vom göttlichen Licht erleuchtet und mit dem Brot des Lebens gestärkt. Geht hin, in eure Familien, an den Arbeitsplatz, in die Schulen und an die Universitäten! *„Verkündet das Evangelium aller Kreatur!“ (Mk 16, 15)* Nicht ihr sollt euch der Welt anpassen: *„Macht euch nicht die Art dieser Welt zu eigen, sondern wandelt euch um durch Erneuerung eures Denkens, um zu prüfen, was der Wille Gottes ist, was gut, wohlgefällig und vollkommen.“ (Röm 12, 2)* Geht vielmehr hin, damit die Welt durch euch gewandelt werde: *„Ihr seid das Salz der Erde. Wenn das Salz schal geworden ist, womit soll man es salzen? Es taugt zu nichts weiter, als dass es hinausgeworfen und zertreten wird von den Menschen. Ihr seid das Licht der Welt. Es kann eine Stadt nicht verborgen bleiben, die droben liegt auf dem Berge. Auch zündet man nicht eine Lampe an und stellt sie unter den Scheffel, sondern auf den Leuchter, damit sie allen leuchte, die im Hause sind. So leuchte euer Licht vor den Menschen, damit sie eure guten Werke sehen und euren Vater preisen, der im Himmel ist.“ (Mt 5, 13-16)*

Eine ungewohnte, aber schöne Deutung gibt der hl. Thomas von Aquin (vgl. S. th. III,83,4 ad 9). In den Worten *„Es ist gesandt worden“* sieht er einen Hinweis darauf, dass in der heiligen Messe unser Gebet und Opfer zu Gott emporgesandt und Christus als Opfergabe zu uns herabgesandt worden ist, worauf die Gläubigen antworten: *„Deo gratias! - Dank sei Gott!“*

Placeat und Segen

Vor dem Segen verbeugt sich der Priester, legt die gefalteten Hände auf den Altar und spricht leise das *Placeat*: *„Es möge Dir wohlgefallen, heilige Dreifaltigkeit, die Huldigung meines Dienstes. Gewähre, dass das Opfer, das ich Unwürdiger vor den Augen Deiner Majestät dargebracht habe, Dir angenehm sei und mir und allen, für die ich es dargebracht habe, durch Dein Erbarmen zur Versöhnung gereiche."*

Dann küsst er den Altar, erhebt Augen und Hände, vereinigt beide Hände, wendet sich um und macht mit der rechten Hand ein Kreuzzeichen über das Volk. Durch diesen Gestus wird angedeutet, dass aller Segen von oben kommt: *„Jede gute Gabe und jedes vollkommene Geschenk kommt von oben, vom Vater der Lichter, bei dem kein Wechsel ist oder ein Schatten von Veränderung." (Jak 1, 17)*

Zeichen und Quelle allen Segens ist das Heilige Kreuz. Auch im alltäglichen Leben soll der Christ stets mit dem Kreuz verbunden sein: *„Wenn einer mir nachfolgen will, der verleugne sich selbst, nehme täglich sein Kreuz auf sich und folge mir nach." (Lk 9, 23)* Den wahren Jünger Jesu erkennt man an seinem Verhältnis zum Kreuz. Die Segensformel lautet: *„Es segne euch der allmächtige Gott, der Vater und der Sohn ✠ und der Heilige Geist."*

Schon in der alttestamentlichen mosaischen Segensformel verbarg sich ein Hinweis auf die allerheiligste Dreifaltigkeit, insofern dreimal der *Herr* genannt wurde: *„So sollt ihr die Israeliten segnen, indem ihr zu ihnen sprecht: ‚Der Herr segne dich und behüte dich! Der Herr lasse sein Antlitz leuchten über dir und sei dir gnädig! Der Herr wende dir sein Angesicht zu und verschaffe dir Heil!' So sollen sie also meinen Namen auf die Israeliten legen, und ich will sie segnen!" (Num 6, 23-27)*

Der ganze Ritus des Schlusssegens ist ein Bild jenes Segens, den Jesus bei seiner Himmelfahrt auf dem Ölberg, von der Erde scheidend, seinen Jüngern gab: *„Dann führte er sie bis vor Bethanien hinaus, erhob seine Hände und segnete sie. Es geschah aber, während er sie segnete, schied er von ihnen und wurde emporgetragen zum Himmel. Sie aber fielen anbetend vor ihm nieder und kehrten mit großer Freude nach Jerusalem zurück." (Lk 24, 50-52)*

Es ist ganz angemessen, dass die Gläubigen - genau wie die Apostel bei der Himmelfahrt - zum priesterlichen Segen niederknien, denn Gott selbst ist es, der durch die Hand des Priesters segnet.

Im Kontext der Himmelfahrt Jesu steht auch die Erinnerung an die Wiederkunft Christi am Jüngsten Tag, denn als die Jünger wehmütig zum Himmel hinaufsahen, sprachen die Engel zu ihnen: *„Ihr Männer aus Galiläa, was steht ihr da und schaut zum Himmel? Dieser Jesus, der von euch weg in den Himmel aufgenommen wurde, wird ebenso wiederkommen, wie ihr ihn habt hingehen sehen zum Himmel." (Apg 1, 11)* Wenn der Herr einst wiederkommt zum großen Gericht, dann wird er über die Auserwählten zu seiner Rechten den letzten großen Segen sprechen: *„Kommt, ihr Gesegneten meines Vaters! Nehmt in Besitz das Reich, das euch bereitet ist seit Grundlegung der Welt." (Mt 25, 34)*

Schlussevangelium

Segnen kann man nicht nur mit der Hand, sondern ebenso mit einem Kreuz oder einer Reliquie. Auch mit dem Evangelium kann man segnen, denn *„lebendig ist das Wort Gottes, wirksam und schärfer als jedes doppelt geschliffene Schwert; es dringt durch bis zur Trennung von Seele und Geist, von Gelenk und Mark und ist Richter über Gedanken und Regungen des Herzens" (Hebr 4, 12).*

Ursprünglich hatte das *Schlussevangelium* vor allem den Charakter eines Segens. Wenn der Anfang des Evangeliums feierlich gelesen wird, dann steht der Beginn stellvertretend für das Ganze (*pars pro toto*). Deshalb ist es mancherorts Brauch, am Fronleichnamsfest an vier Altären in die vier Himmelsrichtungen jeweils feierlich den Anfang der vier Evangelien zu lesen.

Auch inhaltlich bildet das Schlussevangelium einen höchst passenden Abschluss der heiligen Messe, denn es enthält eine wunderbare Zusammenfassung der wesentlichen Inhalte des Messopfers und der wichtigsten Geheimnisse des Glaubens. Der hl. Apostel und Evangelist Johannes wird zu Recht mit dem Sym-

Heilige Othilia!

bol des Adlers dargestellt, denn vom Adler sagt man, er könne mit bloßem Auge in die Sonne schauen. Tatsächlich gleicht der Beginn seines Evangeliums einem adlerhaften Blick in die ewige Sonne der Gottheit: *„Im Anfang war das Wort, und das Wort war bei Gott, und Gott war das Wort."*

In der Gesamtstruktur der heiligen Messe steht das Schlussevangelium parallel zum Stufengebet. Während dort die Bitte stand: *„Sende aus Dein Licht und Deine Wahrheit"*, finden wir im Schlussevangelium gleichsam die Antwort, denn es spricht vom *„wahren Licht, das jeden Menschen erleuchtet, kommend in diese Welt"*.

Von Johannes dem Täufer heißt es: *„Es ward ein Mensch, gesandt von Gott."* Er sollte dem Herrn vorangehen, um ihm den Weg zu bereiten: *„Er kam zum Zeugnis, damit er Zeugnis gebe vom Licht, damit alle zum Glauben kämen durch ihn."* Weil aber die Menschen die Finsternis mehr liebten als das Licht (vgl. Joh 3, 19), musste Johannes dasselbe Schicksal erleiden wie vor ihm die alttestamentlichen Propheten (vgl. Mk 6, 17-29) und wie nach ihm Jesus, gefolgt von einer großen Schar von Blutzeugen.

Jesus *„war in der Welt, und die Welt ist durch IHN geworden, und die Welt hat IHN nicht erkannt. Er kam in das Seine, doch die Seinen nahmen IHN nicht auf. Die IHN aber aufnahmen: Ihnen gab er Vollmacht, Kinder Gottes zu werden, denen, die an SEINEN Namen glauben."*

Zu den Worten *„Und das Wort ist Fleisch geworden und hat unter uns gewohnt"* beugt der Priester anbetend das Knie. Wie das göttliche Wort damals in Nazareth in den Schoß der Jungfrau Maria hinabgestiegen ist, so ist Christus nun auf das Wort des Priesters hin auf den Altar herabgestiegen.

Wer in rechter Weise die heiligen Messe mitgefeiert hat und wem es gelungen ist, mit gläubigem Blick ein klein wenig den Schleier des Mysteriums zu lüften, wird ebenfalls sagen können: *„Et vidimus gloriam eius ... - Und wir haben SEINE Herrlichkeit gesehen, die Herrlichkeit als des Eingeborenen vom Vater, voll Gnade und Wahrheit."*

„Deo gratias!"

Tipps zum Gebrauch des Volksmissale

Es ist wahr: Die Sakramente haben ihre Kraft in sich, und die heilige Messe ist eine geistliche Quelle von unerschöpflicher Fülle. Wieviel aber jeder Einzelne daraus schöpft, hängt erstens davon ab, ob er überhaupt am heiligen Messopfer teilnimmt, und zweitens, wie gut er sich auf diese Teilnahme vorbereitet. Es gibt unterschiedliche Grade der Gegenwart, von einer rein äußerlichen Anwesenheit bei gleichzeitiger innerer Abwesenheit bis hin zu einer innerlich wachen und wahrhaften *participatio*.

Schon ob man ganz bewusst ein klein wenig früher zur Kirche geht, um sich vor Beginn der heiligen Messe in stiller Andacht vor dem Tabernakel zu sammeln, oder ob man gewohnheitsmäßig fast gleichzeitig mit der Sakristeiglocke in die Kirche hineinstolpert, macht einen großen Unterschied.

Ebenso ist es nicht einerlei, ob man sich jeweils davon überraschen lässt, was denn heute wohl ‚dran' ist, oder sich schon vorab über den Charakter des liturgischen Tages informiert. Es hat ja eine Bedeutung, ob beispielsweise der Priester weiße, rote, violette oder grüne Messgewänder trägt. Die Farben sprechen ihre eigene Sprache, die man kennen muss, um sie zu deuten. Haben Sie je daran gedacht, dass das Rot Ihnen etwas sagen will? Jedenfalls ist das bewusste Leben im Kirchenjahr und damit verbunden die Wahrnehmung seiner traditionsreichen Details ein wesentliches Element des katholischen Christseins.

Ein ganz vorzügliches Hilfsmittel, um immer tiefer in die katholische Glaubenswelt einzudringen, ist das 2015 von der *Priesterbruderschaft St. Petrus* herausgegebene und zwischenzeitlich in dritter Auflage erschienene *Volksmissale*. Es steht in der segensreichen Tradition des erstmals 1884 gedruckten volkssprachlichen Laienmessbuches von *Anselm Schott*. Unser Volksmissale ist aber nicht einfach ein ‚Reprint aus alter Zeit'. Vielmehr ist es ein lebendiges Buch, ein Zeuge der Vitalität des überlieferten Messritus, der sich im gläubigen Volk bei Jung und Alt wachsender Beliebtheit erfreut. Es zeichnet sich aus durch hervorragende Qualität, angenehme Schriftgröße, benutzerfreundliche Gestaltung und geistlich gehaltvolle Erklärungen.

Angenommen also, Sie sind glücklicher Besitzer eines Volksmissale und lesen schon vor Beginn der heiligen Messe die rot gedruckten einleitenden Erklärungen zum jeweiligen liturgischen Tag, beispielsweise über die Besonderheiten des Kirchenjahres, über die großartigen Kompositionen der sonn- und festtäglichen Messformulare oder über das Leben des Tagesheiligen, so werden Sie vorzüglich auf die Teilnahme am heiligen Geschehen eingestimmt sein.

Geht es Ihnen auch so, dass Sie sich manchmal recht bald nach der heiligen Messe schon kaum mehr an die Lesung und das Evangelium, geschweige denn an den Introitus oder die Tagesoration erinnern können? Angenommen aber, Sie würden schon vorher die Texte lesen und ein ganz klein wenig betend darüber meditieren, wäre dann nicht anzunehmen, dass Sie sie im eigentlichen liturgischen Vollzug sehr viel bewusster aufnehmen und dass sie sich viel tiefer einprägen?

Nehmen wir an, ein Katholik wird nach und nach im Kirchenjahr beheimatet gleich einem ‚Fisch im Wasser', so muss er dennoch nicht fürchten, dass für ihn die Liturgie durch Gewohnheit verflacht, sondern ganz im Gegenteil: Sie ist wirklich unerschöpflich, und die Erfahrung zeigt, dass man durch intensive Beschäftigung beständig an geistlicher Tiefe gewinnt und in der zeitlosen Schönheit des liturgischen Erbes immer wieder neu Staunenswertes zu entdecken vermag.

Noch vor nicht allzu vielen Jahrzehnten war es gang und gäbe, dass spätestens ab der Firmung jeder eifrige Katholik stolz darauf war und sich glücklich schätzte, wenn er ein Volksmessbuch sein Eigen nennen durfte. Es war auch selbstverständlich, dass man es zu jeder heiligen Messe mitgenommen hat. – Ob wir dort nicht wieder hingelangen könnten? Das wäre ein Segen!

Den Umgang mit dem Volksmissale lernt man am schnellsten, indem man zunächst aufmerksam die Erläuterungen auf dessen ersten Seiten liest, sich einen Überblick über das Inhaltsverzeichnis verschafft und anhand der aktuellen Gottesdienstordnung den liturgischen Tag ortet. Dazu gehört freilich auch, dass man sich mit den gleichbleibenden Teilen jeder heiligen Messe, dem sogenannten ORDO MISSÆ, recht gut vertraut macht, so dass man sicher weiß, an welchen Stellen genau die veränderlichen Teile eingefügt werden. Solch ein Studium sollte aber eher außerhalb und vor der heiligen Messe stattfinden.

Noch ein kleiner praktischer Hinweis: Es geht nicht darum, während der heiligen Messe jedes Wort mit dem Priester mitzulesen. Das wird kaum möglich sein, weil der Priester still und zudem vieles auswendig betet. Und sollte es, vor allem in der Anfangszeit, einmal geschehen, dass man sich im Buch verliert, dann verbringe man doch nicht den Rest der heiligen Messe mit Blättern! Man lege das Buch ganz ruhig zur Seite und lasse sich anschließend zeigen, wo die Messtexte zu finden gewesen wären. Vielleicht könnte ja vor der nächsten heiligen Messe ein erfahrener ‚alter Hase' einen raschen Blick darauf werfen, ob alle Lesebänder an den richtigen Stellen eingelegt sind.

Schließlich sei bemerkt, dass das Volksmissale neben dem eigentlichen liturgischen Teil auch weitere bedeutsame Schätze enthält. Da wäre beispielsweise neben der Beichthilfe im Anhang auch eine Sammlung von wunderschönen Gebeten zu nennen, die bestens dazu geeignet sind, die Vorbereitung auf die heilige Messe, die anschließende Danksagung oder die geistlich so wertvollen Augenblicke nach dem Empfang der heiligen Kommunion zu befruchten.

Die Priesterbruderschaft St. Petrus

Der entscheidende Anstoß zur Gründung der *Priesterbruderschaft St. Petrus* kam von Papst Johannes Paul II., der bald nach den unrechtmäßigen Bischofsweihen durch Erzbischof Marcel Lefebvre vom 30. Juni 1988 alle mit der Tradition verbundenen Priester und Gläubigen aufrief, in der vollen kirchlichen Gemeinschaft zu verbleiben.

In seinem Motu Proprio ‚Ecclesia Dei afflicta' vom 2. Juli 1988 schrieb der Papst: *„Vor allem möchten wir unter den vorliegenden Umständen einen feierlichen und leidenschaftlichen, wie auch väterlichen und brüderlichen Aufruf an all jene richten, die bisher in irgendeiner Weise mit der Bewegung des Erzbischofs Lefebvre in Verbindung standen, dass sie ihre ernste Pflicht erfüllen, mit dem Stellvertreter Christi in der Einheit der katholischen Kirche verbunden zu bleiben. ... All jenen katholischen Gläubigen, die sich an einige frühere Formen in der Liturgie und Disziplin der lateinischen Tradition gebunden fühlen, möchte ich auch meinen Willen kundtun - und wir bitten, dass sich der Wille der Bischöfe und all jener, die in der Kirche das Hirtenamt ausüben, dem meinen anschließen möge -, es ihnen leicht zu machen, in die kirchliche Gemeinschaft zurückzukehren, durch die notwendigen Maßnahmen, welche die Berücksichtigung ihrer gerechtfertigten Wünsche sicherstellen."*

Gegründet wurde die Priesterbruderschaft St. Petrus am 18. Juli 1988 in der Abtei Hauterive von zwölf

Priestern und einigen Seminaristen. Sie wählten den Namen und das Patronat des hl. Apostels Petrus, um unwiderruflich die Treue zum sichtbaren Oberhaupt der Kirche festzuschreiben. Bereits am 18. Oktober desselben Jahres wurde sie vom Papst anerkannt und als ‚klerikale Gemeinschaft apostolischen Lebens päpstlichen Rechts' errichtet.

Mit Unterstützung von Kardinal Joseph Ratzinger fand die Bruderschaft Aufnahme im bayrischen Marienwallfahrtsort Wigratzbad. Dank der großen Opferbereitschaft zahlreicher Gläubiger konnte der Bau eines eigenen Priesterseminars in Angriff genommen werden, welches am 2. Dezember 2000 vom Präfekten der päpstlichen Kommission ‚Ecclesia Dei', S. E. Kardinal Castrillon-Hoyos, feierlich eingeweiht wurde.

Heute zählt die Bruderschaft etwa 290 Priester und 130 Seminaristen.

Das Motu Proprio ‚Summorum Pontificum' vom 7. Juli 2007, in welchem Papst Benedikt XVI. die überlieferte Liturgie rehabilitiert und sie zur außerordentlichen Form des Römischen Ritus erklärt, hat die Bruderschaft auf ihrem Weg der Treue sowohl zu ihrem eigenen spirituellen und liturgischen Erbe als auch zum Apostolischen Stuhl bestätigt. Sie hegt die große Hoffnung, dass dieser Schritt sowohl zur innerkirchlichen Erneuerung als auch zur Versöhnung mit denen gereiche, die noch immer von der Einheit der Kirche getrennt sind.

Das erste Ziel der Priesterbruderschaft St. Petrus ist die Heiligung der Priester:

• Sie bewahrt und pflegt die überlieferte Form der römischen Liturgie, um den darin enthaltenen spirituellen Reichtum für das geistliche Leben der Priester fruchtbar zu machen.

• Sie widmet sich der Priesterausbildung, um der Kirche gute und seeleneifrige Priester zu schenken.

• Sie bietet interessierten Priestern Hilfen an, um die Zelebration des überlieferten Ritus zu erlernen und sich vertiefend mit der eigenen priesterlichen Identität auseinanderzusetzen.

Das zweite Ziel ist das seelsorgliche Wirken im Dienst der Kirche und zum Heil der Seelen:

• Sie verkündigt den unverkürzten katholischen Glauben in Predigt und Katechese.

• Sie betreut Gemeinden des überlieferten Ritus und spendet die Sakramente.

• Sie organisiert Exerzitien, Wallfahrten, Freizeiten für Kinder, Jugendliche und Familien.

Die Priesterbruderschaft St. Petrus hat zwei Priesterseminare: eines in Wigratzbad in Deutschland, das andere in Denton in den USA. Beide sind nach den geltenden kirchlichen Normen für die Priesterausbildung organisiert. In Wigratzbad studieren die Seminaristen entweder in deutscher oder französischer Sprache, in den USA auf Englisch. Die Vorlesungen werden teilweise von Priestern der Bruderschaft, teilweise von Gastprofessoren gehalten. Durch die organische Verbindung von Frömmigkeit und theologischer Wissenschaft sollen die Alumnen zu persönlicher, spiritueller und intellektueller Reife geführt werden. Die reguläre Ausbildungszeit beträgt sieben Jahre.

Das erste Jahr ist ein Spiritualitätsjahr. Es dient zur Vertiefung des geistlichen Lebens, zum besseren Kennenlernen der Bruderschaft und zur intensiven Prüfung der Berufung. Die nächsten beiden Jahre sind dem Studium der Philosophie gewidmet. Entsprechend dem ausdrücklichen Wunsch des Zweiten Vatikanums folgt man dabei vor allem der Lehre des hl. Thomas von Aquin. Die Seminaristen sollen lernen, *„mit dem heiligen Thomas als Meister, die Heilsgeheimnisse in ihrer Ganzheit spekulativ tiefer zu durchdringen und ihren Zusammenhang zu verstehen, um sie, soweit möglich, zu erhellen" (OT 10, vgl. CIC can 252 § 3)*. Die letzten vier Jahre dienen dem intensiven Studium der Theologie.

Nach der Weihe werden die Priester in Absprache mit den Ortsbischöfen in eine ihrer Niederlassungen in Deutschland, Österreich, der Schweiz oder in andere Länder gesandt. Nach Möglichkeit leben die Priester in kleinen Gemeinschaften, in denen sie auf verschiedene Weise seelsorglich tätig sind.

Jungen Männern, die sich für das Priesterseminar interessieren, wird empfohlen, an Exerzitien der Bruderschaft teilzunehmen. Zu einem Besuch in den Häusern der Bruderschaft oder im Priesterseminar in Wigratzbad sind sie herzlich willkommen!

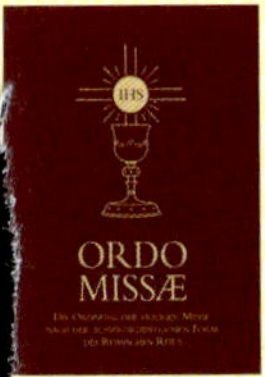

Bestellen Sie weitere Gratisschriften im Dienst des Glaubens!

Diese Schriften zeigen anschaulich und leicht verständlich verschiedene Aspekte der Schönheit des katholischen Glaubens. Mit kirchlicher Druckerlaubnis versehen, eignen sie sich sowohl zur eigenen Glaubensvertiefung als auch zur Weitergabe, zum Auslegen an Schriftenständen und für den Religionsunterricht.

Die Priesterbruderschaft St. Petrus versendet all dies kostenlos, sagt aber für jede freiwillige Gabe ein herzliches Vergelt's Gott.

www.petrusbruderschaft.de
www.introibo.net

Außerdem bieten wir an

- **Missale Romanum:** Eine vollständige Ausgabe des Römischen Altarmessbuches nach der Ordnung von 1962 in hochwertiger Ausführung. - Ein Schmuckstück für jeden Altar!

  ① Großformatiges Altarmissale (Editio Quarta)

  ② Kapellen- oder Reisemissale in handlicher Größe

- **Missæ defunctorum:** Altarmissale für Totenmessen nach der Ordnung von 1962. Das Missale wird in einer praktischen Klappkassette geliefert, in welcher sich zugleich ein vollständiger Satz Kanontafeln befindet.

- **Kanontafeln:** Großformatige und übersichtlich gestaltete Kanontafeln in zwei Ausführungen.

- **Diurnale Romanum:** Darin enthalten sind sämtliche Horen des römischen Breviers nach der Ordnung von 1962 für das ganze Kirchenjahr, lateinisch und deutsch, mit Ausnahme der Matutin. Die wortgetreue deutsche Übersetzung bietet den idealen Schlüssel zum Reichtum der lateinischen Texte. Das Buch ist handlich, in hoher Qualität, mit flexiblem Kunstledereinband, Goldschnitt, auch mit lederner Reißverschlusshülle lieferbar.

- **Volksmissale:** Das vollständige Römische Messbuch nach der Ordnung von 1962, lateinisch und deutsch, für den Gebrauch der Gläubigen, mit wortgetreuer Übersetzung, wertvolle Erläuterungen zum Kirchenjahr, übersichtlichem Schriftsatz, Goldschnitt und Rindsledereinband, optional mit lederner Reißverschlusshülle, auch als Großdruck erhältlich.

Bestellmöglichkeiten:
www.introibo.net / www.petrusbruderschaft.de